3시 코리아

대한민국의 경제시각을 알면
위기 속에 기회가 보인다!

3시 코리아

정동희 지음

국일증권경제연구소

필자 정동희는 심리학과 후배다. 내가 4학년일 때 필자는 1학년이었던 관계로, 대학 시절 스쳐 지나간 짧은 기억이 전부다. 당시 학생운동을 나름 했던 나로서는 정 대표가 학생운동과는 무관하게 지내는 것 같아 외모처럼 순한 인상만 받았다.

시간이 지나, 내가 이데일리 창업 멤버로서 야전 침대를 당시 사무실에 갖다 놓고 경제기사를 작성하던 시절, 또 다른 투지를 보이는 애널리스트 정동희를 업계에서 만나게 된다. 그저 외모처럼 순하게만 봤던 정동희의 분석 글들을 보면서, 근본적인 문제 제기와 파고드는 돌파력에 깜짝 놀랐던 기억이 많다.

사실 '심리학'이란 사회과학적 접근 방법론으로 인간 행동을 연구하는 학문이다 보니, 디테일한 부분에서는 공감대를 만들어내지만, 정치적 집단 움직임의 결과에 대한 근본적인 설득력은 쉽게 공감대를 만들어내지 못한다.

반면 정동희의 분석은 디테일한 면을 잡아내면서 근본적인 성찰도 포함되어 있어, 당시 증권업계에서 상당한 이슈 메이커 역할을 했다. 하지만 내가 이데일리 이후 SBS CNBC 국장, 팍스 경제TV 사장, 아시아경제신문 편집국장으로 재임하던 당시 정동희는 증권업계를 떠났다. 나는 그의 분석과 글이 못내 아쉬웠다.

그랬던 그가 10여 년 만에 《3시 코리아》라는 저서를 가지고 다시 돌아왔다. 너무나 반가운 일이다. 그의 이번 글은 단순히 증권업계 주식 이슈뿐만 아니라, 대한민국이 나아가야 할 방향이라는 거시적인 분석 툴로 '사랑하는 한국 경제'의 근본적인 분석과 시사점을 던져 주고 있어, 수많은 독자 중의 한 사람인 나로서도 흥미롭다. 지난 10여 년간의 필자 경험이 헛되지 않았음을 느끼게 된다. 독자 여러분도 이 책을 읽으면서 나와 같은 느낌을 가지게 되리라 믿어 의심치 않는다.

前 아시아경제신문 편집국장, 前 팍스경제TV 사장,

現 파주컨트리클럽 대표_이의철

내가 필자를 처음 알게 된 때는 2000년이 막 시작했을 때다. 당시 나는 머니투데이 증권부 기자였고, 필자는 여의도에 숱한 화제를 뿌리며 하루에도 몇 군데 언론에서 그의 분석 글이 기사화되고 있었다. 내 입장에서는 일종의 취재 대상이었던 셈이다.

일반적인 애널리스트가 분석하던 방식을 고집하던 시절에, 필자는 과감하게 다른 방식으로 주식시장을 분석하곤 했다. '신선함'이랄까, '창조성'이랄까? 그를 몇 번 만나고 또 다른 사람 이야기도 들어보니 필자는 나름대로의 고집도 있었다.

사실 시장에서 브로커 역할을 하는 증권회사에 속해 있으면서 투자 분석을 한다는 것은 아무래도 한계가 있다. 좋은 건 좋다고 말하면 되지만, 안 좋은 건 많이 돌려가며 분석해야 직장을 오래 다니는 데 도움이 되기 때문이다.

그도 그런 한계를 느꼈는지 어느 날 "못 벌어도 좋다. 하고 싶은 말을 하겠다"라고 말하며 과감하게 증권회사 리서치센터, 즉 '제도권'을 떠났다. 필자는 안티뷰닷컴이라는 사이트를 만들어 소위 '비제도권'에서 투자 분석하던 모습을 몇 년 보이다가, 언제부턴가 나의 시야에서 더는 보이지 않았다.

세월이 흘러 2018년 봄, 우연찮게 내가 얼마 전에 이사 온 동네에서 그와 조우했다. 애널리스트와는 상당히 동떨어진 '장갑업종' 중소기업 경영인이 된 그는 같은 동네에서 산다는 걸 기뻐하며 한번은 나를 집에 초대하였다. 그는 의외로 대저택(?)에서 잘살고 있었다. 이런저런 살아온 이야기와 애들 교육 이야기, 농담을 하면서 시간을 보냈다. 주식시장 이야기는 한마디도 하지 않았다. 그를 보며 이제 그는 애널리스트가 아니고 다른 인생을 사는 사람이라는 생각이 문득 스쳤다.

몇 달이 지나고 나서 《3시 코리아》라는 책을 집필하고 있다는 그의 연락을 받았다. 처음에는 당황스러웠으나 가만히 생각해보니, 그는 '10여 년 간 애널리스트로서 투자 분석을 한 경험'과 '10여 년 간의 중소기업 경영인으로서의 경험', 더불어 '부동산투자 실전 경험' 또한 매우 풍부하였다. 이토록 다양한 분야에서의 실전 분석과 투자 경험을 겸비한 이는 극히 드물다.

주식투자, 부동산투자, 기업경영투자, 이 3박자를 모두 갖춘 필자는 과거 '여의도 증권가의 괴물'로 불리던 애널리스트 본능까지 이 책에 투입했다. 그 결과 한 장 한 장 넘길 때마다 귀한 통찰력이 꿈틀대는 것을 절로 느낄 수 있다.

책의 주제는 '한국의 경제시간과 그에 따른 생존 전략'이다. 이 어려운 문제에 대한 그의 시선이 교과서 속의 정답을 향하고 있다고 장담할 수는 없다. 하지만 생존하지 않으면 이내 사라져버려 누구도 기억하지 않는 머니게임에서, 누구보다 훌륭한 실전 가이드를 제시하고 있다.

머니투데이방송 주간 국장_유일한

태양이 저물기 전에

닐 암스트롱이 달에 착륙한 1968년에 태어난 나는 사교성이 좋지도, 성격이 좋지도 않다. 일반적으로 '통용되는 선택'이 아니라 '소수가 행하는 선택'을 하며 인생에 있어 몇 가지 시행착오도 있었지만, 50여 년이 지난 지금 그런대로 건재하다. 이는 다른 것은 몰라도 무엇보다 '집착력'만큼은 어느 정도 강했기 때문이 아닌가 생각한다.

모든 면에서 좋거나 경쟁력이 있다면 더할 나위 없겠으나, 경제의 속성이 선과 죄를 아슬아슬하게 줄타기하는 경우가 많을 수밖에 없다는 한계를 생각할 때, 하나를 확실하게 선택하는 것도 좋은 생존 방법이다.

대한민국은 우리가 태어난 나라의 명칭이다. 한국 또는 코리아라 지칭하는 대한민국의 경제 시곗바늘은 몇 시를 가리키고 있을까?

성공하는 투자자가 되려면 이 질문에 관한 답을 우선적으로 구해야 할 시기다. 이 질문에 독립적으로 사고하는 자만이 각종 자산시장에 머리 대신 가슴으로 반응할 수 있다. 시간 추정의 답은 하나로 결론 나더라도 이에 따른 개인과 집단의 문제 해결 방식은 다르게 나타날 전망이다.

예를 들어, 개인 입장에서 경제 불황기에 공무원이라는 직업을 택하는 게 현명할 수 있으나, 국가라는 집단 입장에서 모든 구성원이 공무원이라는 직업만 우선적으로 선호한다면 그 국가는 어떻게 되겠는가?

이렇듯 정답이 개인과 집단에 있어 다르지만 문제 해결을 잘하려면 접근 태도 또는 방법론 측면에서는 공통적으로 '집착력'이 필요하다. 이것저것 수박 겉핥기식으로 찔러보기보다는 간단한 시행착오 과정을 줄이고 한곳에 우물을 팔 때, 개인이나 집단 모두 각각의 정답을 구할 수 있다.

이 책에서 나는 2020년 대한민국의 경제 시곗바늘이 '오후 3시'에 있게 된다고 주장하며, 왜 그런지, 앞으로 태양이 저물기 전에 어떻게 보내면 좋을지 감히 조언한다. 한번 과감하게 나의 주장이 맞고 틀리는지를 반박한다는 생각으로, 어떤 면을 선택하여 '집착력'을 발휘해야 할지 이 책으로 뛰어 들어와 보자.

보통 주식시장과 같은 금융 및 자산시장은 두려움과 욕심이라는 두 감정에 의해 움직인다고 가정하는데, 우리는 여기에 하나 더 '경제시계가 가리키는 시간'에 따라서도 영향을 받는다는 것을 알게 될 것이다.

투자 행위를 할 때 개인 행동적 기준에 많이 의존할 경우, 과거 투자 성과에 대한 기억은 부정적 측면을 완화하며 실제보다 각색되는 게 인간의 기억 흐름이라, 때로는 위험할 수 있다.

이 책을 통해 개인이 아니라 우리가 속한 집단 '코리아'의 경제적 흐름과 시각을 먼저 파악하고 나서, 그 뒤에 개인 측면으로 돌아와 나름대로 감정과 이성 간의 투자 의사 결정에 대한 줄다리기를 해보기로 하자.

단순함이 장점이다.

'적'을 알면 '나'를 알게 되듯이, '한국 경제시각'을 알면 그에 따른 '투자 전략'은 자연스럽게 나온다.

북한산 둘레길에서

정동희

추천의 말   4

프롤로그_ 태양이 저물기 전에   8

PART 1 2020 코리아는 오후 3시

1-1 코리아 경제시간 살펴보기   19

1-2 코리아 경제시간_오전   27

1-3 코리아 경제시간_오후   32

PART 2 현재를 뒤집어 본다

2-1 함몰비용 이치를 배운 듯한 미국 사회   47

2-2 한국의 경제인은 아는데 사회는 모르는 듯한 함몰비용   53

2-3 자생력을 갖추기 위한 신뢰성 게임   62

PART 3 집단과 개인의 다른 선택

3-1 현재에 유리한 경제적 전략   71

3-2 핸드폰을 이용하려는 집단   78

3-3 핸드폰을 버려야 하는 개인   83

PART 4
체크포인트 2가지와
생존 전략

4-1 개인 및 집단 위험선호도 체크 방법　　　　　　95

4-2 제조업의 하부구조 체크 방법　　　　　　106

4-3 돈에서 멀리 떨어지지 않는 연타 기법　　　　　　114

PART 5
역설 전략

5-1 경계 영역을 넓히다　　　　　　123

5-2 믿음의 이중 역설　　　　　　131

5-3 필요악과 같이 가는 현실 삶　　　　　　135

PART 6
소비 전략

6-1 투자보다 소비 전략 우선　　　　　　145

6-2 휴학 사절, 사회 직행　　　　　　150

6-3 자녀 영어 교육은 적당히　　　　　　159

PART 7   호재와 악재의 은밀한 구별

7-1 박수와 손뼉치기를 구분하자 169

7-2 획일성은 감정적 투자와 같다 173

7-3 불행 중 다행도 있다 179

PART 8   2019 + 2020 자산시장 전망

8-1 2019 + 2020 상반기 주식시장 전망 187

8-2 2019 + 2020 상반기 부동산시장 전망 196

8-3 2020 하반기 자산시장 전망 206

PART 9   우산, 나침반 그리고 미래세계

9-1 비상시 탈출 전략 215

9-2 미국의 경제시계 221

9-3 미래세계 233

에필로그_ 10여 년간의 절필 끝에 다시 펜을 든 소감 237

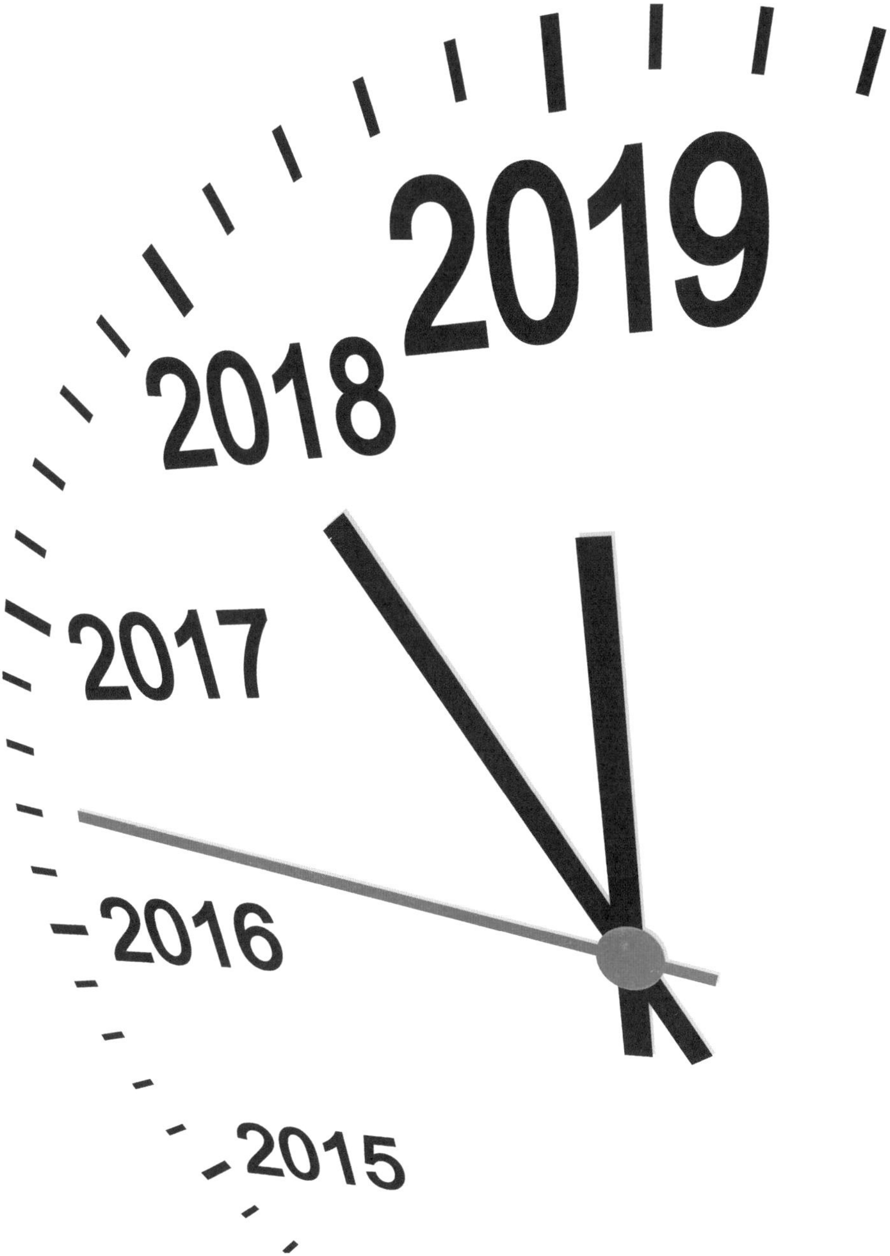
2019
2018
2017
2016
2015

PART
1

2020
코리아는
오후 3시

코리아 경제시간 살펴보기

    코리아 경제시계 시작 시각부터 살펴보자. 제2차 세계대전이 아시아에서도 끝나게 된 일본의 항복 선언이 있었던 1945년 8월 15일을 '코리아 0시'로 잡았다. 일제 강점기하에서도 민간 부분의 경제 자본 형성 움직임이 포착되기는 하나, 코리아 경제시계를 논하기 때문에 1945년 이전의 흐름은 논의의 대상에서 아예 제외했다. 현재의 우리 삶과 어느 정도 현실적으로 비교하기 위해서라도, 그리고 엄연히 주권국가에 살고 있는 상황에서 코리아 0시를 1945년 8월 15일 이전(태어날 때부터 양반과 천민으로 공식 낙인을 찍는 신분 구별이 확실하거나 영향력이 잔존했던 시기)에 잡기는 어렵다.

'코리아 시계'라는 용어는 경제적 측면에서 사회과학적 개념을 논의하기 위한 일종의 '용어 정의'인 셈이다. 확실한 것은 코리아 0시는 1945년 광복절이다. 그 외 나머지는 모두 추정이다. 일단 필자가 주장하는 코리아 경제시계 설정표를 보자.

추정도 '맞을 확률이 높은 추정'과 '틀릴 확률이 상당한 추정'으로 분류할 수 있다. 어떠한 의사 결정을 할 때 결정 근거에 추

· 코리아 경제시계 설정표 ·

시간	시기(연도)
오전 0시	1945
오전 1시	1948
오전 2시	1950
오전 3시	1953
오전 4시	1960
오전 5시	1963
오전 6시	1968
오전 7시	1973
오전 8시	1977
오전 9시	1980
오전 10시	1984
오전 11시	1987
정오 12시	1994
오후 1시	1998
오후 2시	2008
오후 3시	2020

정이 개입되었다면, 그 근거가 맞을 확률과 틀릴 확률을 같이 고려해야 한다. 특히 체크해야 할 중요 시간은 '코리아 정오 12시'다.

· 경제시계 정오 12시 체크 ·

한 인간의 삶을 돌이켜보면 출생과 죽음이라는 가장 큰 두 가지 사건이 있고, 그다음으로는 결혼과 퇴직(학교 입학 및 졸업, 입대, 입사, 전직, 자녀 출생 및 출가) 등 일련의 사건을 꼽을 수 있다.

반면 국가라는 조직 입장에서는 국가의 탄생과 종말 또는 변형이라는 사건을 우선적으로 꼽을 수 있고, 그다음으로는 '변곡점(성장 및 융성, 장기적 관점으로는 융성의 극치 이후 쇠락의 시작을 구분 지을 수 있는 경계 시기)'을 생각할 수 있다.

코리아 시곗바늘이 정오 12시를 지났는지 아닌지 여부는 매우 중요한 이슈 대목이다. 정오 12시는 하루의 절반이 지나는 시간일 뿐만 아니라, 순환주기 사이클의 최고점인 클라이맥스 의미로 분석할 수 있기 때문이다.

클라이맥스가 아직 지나지 않았다면, 지금 당장은 힘들더라도 내가 가진 자원의 할당 내지 진입 전략을 구사하는 게 정석이다. 반면 클라이맥스가 지난 게 맞는다면, 지금 당장은 달콤해 보이더라도 내가 가진 자원의 수확 내지 탈출 전략을 구사해야 한다.

1994년 전후가 코리아 시계가 정오 12시였다고 필자는 생각한다. 왜 그렇게 주장하는지를 지금과는 확연하게 다른 생활 속 사례 두 가지로 들어보겠다.

1994년 전후에는 일자리가 넘쳐나 학교를 졸업하면서 취직이 안 되는 것은 극히 드물었다. 당시 고등학교를 졸업하든 전문학교를 졸업하든 대학교를 졸업하든 두세 군데 기업에서 취업합격통지서를 받는 경우가 허다했다. 그리고 대학을 졸업하고 '9급 공무원'에 응시하는 것은 상당수 졸업자에게 후순위 고려 대상

이었다. 절대 다수가 공무원보다는 일반기업 신입사원으로 들어
가는 게 낫다고 생각했다.

　지금과 다른 이런 현상들이 코리아 경제시계 오후 1시를 넘
기며 급변하였고, 그 후 절대 다수가 일반기업 신입사원보다는
공무원이 되는 게 낫다고 생각한다. 이러한 직감적인 설명 외에
학자들이 좋아하는 GDP 성장률 측면에서 설명해보겠다.

　다음은 한국의 GDP(국내총생산) 성장률 추이다.

· 한국 GDP 성장률(단위: %) ·

* 출처: 한국은행

　1980년 한국의 대통령 암살시기를 제외하고 볼 때 1994년과
1995년 9%대 GDP 성장률이 1996년 7%대로 낮아졌고, 1998년

IMF 경제위기 시절 마이너스 성장률에 대한 반사효과로 일시적인 성장률 회복 이후에는 추세적으로 2000년 이후부터는 9%를 넘긴 적이 아예 없다.

· 코리아 경제시계 정오 12시 전후를 비교한 한국 GDP 대비 총자본형성률(단위: %) ·

* 출처: 한국은행

· 한국 가계 순저축률과 가계 부채비율 추이(단위: %) ·

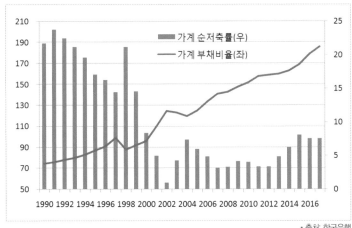

* 출처: 한국은행

한국 가계저축률 추이 그래프를 보면 개인 부문의 저축률이 코리아 경제시계 정오 12시를 가리키는 1994년 이전에는 높은 추세였으나, 정오 12시를 넘기면서 개인 저축률의 하락이 뚜렷하다는 것을 알 수 있다. 개인 부채비율의 증가와 저축률 하락은 개인 부문에서 체감하는 생활 경제가 코리아 경제시계 정오 12시 이후 이전과 달리 나빠지기 시작했다고 해석된다.

한국의 설비투자 증가율도 코리아 경제시계 12시를 넘기며 두 자리 수에서 한 자리 수로 반전된다.

· 한국 설비투자 연평균 증가율(단위 %) ·

* 출처: 기획재정부

한국의 설비투자 증가율을 GDP와의 장기균형식 추정을 통해서 본 현대경제연구원의 다음 표를 보면, 코리아 경제시계가 오후에 들어서면서 한국이 설비투자 과소시대로 추세 전환되었음을 확인할 수 있다.

· GDP 대비 설비투자 추이 ·

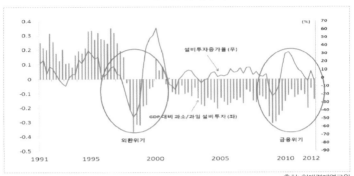

* 출처: 현대경제연구원

이상을 종합하면, 상당히 중요한 이슈가 될 '코리아 경제시간 정오 12시'는 경제성장률 측면과 민간 저축률 부문, 국내 설비투자 부문 모두에서 추세 전환 시기가 오차 범위 내 시기에 잡혀, 1994년을 정오 12시로 설정하기에 3박자 모두 정오 12시 괘종을 울린다고 판단된다.

12번 울리는 괘종시계의 타종 소리, "땡땡땡 땡땡땡 땡땡땡 땡땡땡"

1994년을 전후한 이야기였다.

코리아 경제시간
_오전

역산이라는 수학적 방법론이 있다. 뺄셈은 덧셈의 역산이고, 나눗셈은 곱셈의 역산이다. 쉽게 말해, 순서를 거꾸로 하여서 뒤쪽에서 앞쪽으로 셈하는 접근 방법이다. 수학적으로 딱 떨어지지는 않으나 우리가 살아가는 사회과학 세계에서 순서를 거꾸로 하여 역으로 추정하면, 간단하게 해답을 구할 수 있다. 지금부터 역 추정을 해보자.

코리아 오전 3시는 언제였을까?

우리가 밤에 쉽게 잠들지 못하고 가끔씩 잠을 뒤척일 때 보통 오전 2시를 간혹 넘기는 경우는 있다 하더라도 오전 3시를 넘기는 것은 손꼽을 정도다. 깊은 숙면을 의미할 수 있는 오전 3시는 비록 우리가 깨어 있지는 않지만 바로 다가오는 하루(당일)의 활기찬 활동을 펼치기 위한 중요한 정신적 에너지 숙면시간인 셈이다.

코리아 오전 3시는 6.25전쟁이 끝난 1953년으로 필자는 꼽는다. 냉전시대 세계 강국의 대리전을 동족끼리 혈투를 통해 벌였던 6.25전쟁을 치르며, 코리아 시계는 자야 될 시간에 자지 못하고 잠을 설쳤다. 한국전쟁이 끝난 1953년은 경제적 불확실성의 해소이며, 코리아 시계는 다가오는 하루(당일)를 위한 완전한 숙면시간으로 비유할 수 있겠다.

오전 0시를 광복 1945년으로 잡고 한국전이 끝난 1953년을 오전 3시로 설정하면, 오전 1시는 한국정부가 설립된 1948년으로, 오전 2시는 6.25전쟁이 발발한 1950년으로 잡을 수밖에 없지 않는가.

코리아 경제시각 오전 4시는 해방 후 제1공화국이 마무리되고 4.19혁명을 통해 제2공화국으로 바뀐 1960년으로 설정하였다. 제2공화국 장면 정부는 같은 해 출범한 미국 케네디 정부 협조로 경제개발계획을 시작하려는 준비를 했다는 점에서, 동트기 전의 준비로 평가된다.

우리는 몇 시에 일어나 하루를 맞이하는가? 개인이나 직업의 성향에 따라 기상시간이 다르겠지만 보통 비슷한 시각에 평균 수렴한다. 하지만 각자의 어린 시절을 되돌아보면, 버스나 지하철 첫차를 타려는 사람들은 아침 5시에 기상하곤 했다. 지금도 많은 사찰의 스님들은 아침 5시에 일어나 공양한다.

코리아 경제시계를 추정하는 입장에서는 비록 정치적으로는 어두운 면이 많더라도 척박한 환경에서 한국 경제 토양에 밭을 매기 시작하려던 1963년을 코리아 오전 5시로 추정할 수 있다.

대부분의 사람들은 평일 아침 7시에는 일과를 시작한다. '얼리 버드(아침형 인간)'가 아니라 보통 사람 입장에서의 오전 7시를 코리아 집단에 적용하면 산업공단 조성, 농어촌 근대화를 지향하는 새마을운동, 경부고속도로 건설 등으로 대표되는 1973년으로 설정할 수 있다.

역 추정 방법을 이용하여 1963년을 오전 5시로 보고, 1973년을 오전 7시로 설정한다면 그 둘의 중간 시기인 1968년을 코리아 오전 6시로 보는 것은 무리가 없다.

이 세상의 모든 걸 돈으로 살 수 없듯이 코리아 시계도 경제적 측면 외에 인권 및 민주로 표현되는 자유 후생 측면도 고려하여, 장기 독재집권의 종말 시기였던 1980년을 모두가 일하는 코리아 오전 9시로 볼 수 있겠다.

앞선 역 추정 논리를 다시 빌리면, 1973년을 오전 7시로 보고 1980년을 오전 9시로 설정한다면, 그 둘의 중간 시기인 1977년을 코리아 오전 8시로 보는 것도 무리가 없다.

어설픈 접근 같지만 1977년 말에 대망의 목표였던 수출 100억 달러와 1인당 소득 1천 달러를 이루었고, 계획 당시에는 8년 후로 예정했던 달성 시기가 그 절반인 4년으로 줄어들어 세계가 놀라기도 했다.

14.8% GDP 성장률을 보인 1973년 등의 박정희 시대를 빼고 가장 높은 13.2% GDP 경제성장률을 보인 1983년 직후인 1984

년을 코리아 오전 10시로 설정했다.

다시 경제시계 본연의 자세에서 인권 및 민주로 표현되는 자유 후생 측면도 재차 고려하여, 장충체육관 대통령이 아니라 대통령직선제 쟁취를 했던 1987년을 코리아 오전 11시로 추정했다. 실제로 1987년 당시 대통령 집권 말년임에도 불구하고 12.5%라는 GDP 성장률을 보였고, 그 수치는 이전에는 자주 볼 수 있었으나, 그 이후 30여 년이 지나도 그 이상의 수치를 보지 못하고 있다.

이 책은 재테크 서적이고 한국 경제사 책은 아닌 만큼, 향후 우리 의사 결정에 영향을 미치는 결정적 시간 '정오 12시'와 '현재의 시간 판정' 중심으로 서술하고 나머지 시간에 대한 이야기는 약술로 마감하고, 이에 따른 대응 전략 중심으로 책 구성을 이루고자 한다.

코리아 경제시간
_오후

　몇 년 전에 평소 알고 지내던 건설업자가 '폐교하는 초등학교가 있는데 그 학교 안에 있는 오래된 나무들을 좋은 가격에 옮겨주겠다'고 하여 얼떨결에 그해 11월 말에 보유하고 있는 토지에 나무 수십 그루를 옮겨왔다. 몇 달 뒤 봄이 왔을 때만 해도 가끔 둘러보니 나무들은 멀쩡히 자라는 듯했다. 그런데 여름 몇 달 동안 찾아가지 못하고 추석 전 초가을에 간만에 찾아가니 잡초가 무성하게 나무들을 에워싸고 있어 추석 연휴 동안 예초기로 잡초를 베었다.

　이러한 뒤늦은 노력에도 불구하고 결국 수십 그루의 나무 중에 70%는 죽었고 몇 그루의 나무만 현재 살아서 자라고 있다. 그때 자연은 단 '한 번의 기회'만을 준다는 걸 절실히 깨달았다.

인간 세계에서 "한 번만 더 기회를 주세요"라고 읊어대면 그 말이 자주 효력을 발휘하곤 했었다. 하지만 한번 죽은 나무들을 안타까운 마음으로 보고 또 본들 새로운 잎사귀는 나오지 않았고, 결국 큰 풍채의 소나무는 속으로 썩어 들어가며 강한 비바람에 어느 날 밑동이 부러지며 넘어졌다.

우리가 일상생활 속에서 "한 번만 더 기회를 주세요"라고 해서 그 부탁이 성공했던 때를 냉정히 돌아보자. 부모와 아내 같은 가족들에게는 그 부탁의 성공률은 높았고, 전 애인과 친구들에게도 그 부탁이 가끔씩 먹혔겠으나, 모르는 사람들에게는 그 부탁의 성공률이 현저하게 떨어진다는 걸 깨닫게 된다.

그렇다면 아는 사람보다 모르는 사람들이 절대적으로 더 많은 코리아 조직 차원에서는 '한 번만 더 기회를 주세요'보다는 '한 번의 기회'에 훨씬 더 가까워진다.

이는 인류 역사를 보면 명약관화하다. 수많은 국가의 흥망성

쇠가 있었고, 스탈린의 소련은 러시아 등 십여 개 국가로 나누어졌고, 영화 '킬링필드'의 배경이 되었던 동남아시아 공산국가들은 실질적으로는 무서운 속도로 자본주의화 되어 지금 한국의 중소기업들은 베트남 등으로 공장을 이전하는 걸 아직도 간절히 원하고 있다.

나무를 키우듯 자연이 주는 '단 한 번의 기회', 냉정함까지는 아니더라도 그에 육박한 인류 역사의 흥망성쇠 교훈을 되살리며 코리아 오후 시간을 설정해보자.

코리아 오후 1시는 1998년으로 설정했다. 1998년은 IMF 경제

· 연도별 대학 입학 정원 ·

시간	대학 입학 정원
1994	451,597
1995	498,250
1996	530,030
1997	563,265
1998	618,820
1999	642,480
2000	646,275
2001	646,770
2002	656,783
2003	653,170
2004	642,256

위기로 상징되는데, 그 상징성 이면에 잘 드러나지 않는 메시지를 읽어보자.

34쪽 표에서 보듯이 코리아 정오 12시로 잡은 1994년에 대학 입학 정원은 451,597명인데, 코리아 오후 1시로 설정한 1998년에 대학 입학 정원은 618,820명으로 4년 만에 무려 약 16만7천 명이 급증한다. 그다음 해에는 약 64만 명까지 대학 입학 정원이 증가하는데, 전년대비 증가율 측면에서는 1998년에 무려 대학 입학 정원이 10% 증가한 최고 기록을 세운다.

고등학교 졸업자 수는 비슷한 수준인데 대학 입학 정원은 급증하니, 연도별 대학진학률을 보면 더 충격적인 수치가 나온다. 1992년에는 고등학교 졸업자 수의 34.3%가 대학에 진학했는데, 1998년에는 고등학교 졸업자 수의 64.1%가 대학에 진학했다. 다른 말로 표현하면 고등학교를 졸업한 후 산업 현장에 뛰어들 자원 잠재력이 불과 6년 만에 3명으로 줄었다는 말이다.

물론 대학에 진학해도 나중에 취업하겠지만, "우리 자식도 대학에 진학했네"라고 동네에 자랑하시는 부모님 눈치를 봐서라도 힘든 일보다는 책상에 앉아 펜대 돌리는 직업 선호 경향만 높아진 터이고, 결국 제조업 인력 자원은 장기적으로 감소 추세로 전환한 셈이다. 코리아 오후 1시로 설정한 1998년에 이러한 현상이 다른 해보다 더 심했다.

다음으로는 국가 차원의 '잔꾀'가 증가한다. 잔꾀는 장기적으로나 근본적으로는 해결책이 아닌데, 단기적으로 마치 해결책이냥 믿기 쉬운 미봉책이다.

1998년 IMF 경제위기는 상당히 복합적인 현상으로, 일부는 '기술적 지급불능' 성격이 있었다. 기술적 지급불능은 체질은 약화된 것은 맞지만 '진짜 부도'가 날 정도는 아니고, 단기적인 현금 흐름 관리만 했으면 그러한 위험을 피했을 수 있는 수준을 일컫는다.

당시 한국 정부나 금융 및 기업체들이 외화로 차입할 때, 호시절에는 금리가 쌀 수밖에 없는 단기외화자금을 리보(LIBOR) 3개월 금리에 가산금리를 더하는 방식으로 빌려서, 자금운용은 1년 이상의 연 단위(상당수는 3년짜리)로 하여 리보 12개월 금리에 마진을 더하는 방식을 선호했다.

평상시에는 장기금리가 단기금리보다 위험을 더 떠안은 만큼 금리가 더 비쌀 수밖에 없어, 이러한 '단기 외화조달/장기 외화운용'은 속성상 마진을 계속 챙길 수 있다. 그런데 단기적으로 평상시가 아니라 비상시가 되면, 단기금리는 3개월을 기준으로 금리를 정하기 때문에 단기 비상 위험이 금리가 빠르게 반영되는 반면, 장기금리는 반영이 더뎌 장·단기 금리 역전 현상이 벌어진다.

결국 비싸게 돈을 빌려 싸게 운용하며 역 마진 상태에 노출되게 되는데, 역 마진이라도 돈을 빌릴 수 있으면 가진 밑천이 바닥날 때까지 기다리며 상황이 호전되기를 기다리는 전략을 구사할 수 있는데, 국제 메이저 금융자본은 한국의 이러한 상황을 너무나 꿰뚫어 보고 있었다.

다른 말로 표현하면 한국을 상대로 국제금융자본의 강자 위치를 제대로 활용할 수 있는 적기라는 걸 알았고, 따라서 비상시 올라가는 가산금리를 더 가파르게 요구하였고, 일부 국제금융자본은 기술적 지급불능 가능성을 읽고 달러 자금을 3개월마다 연장해주던 기존의 포지션을 버리고, 연장해주지 않고 상환을 요구했다.

IMF 경제위기가 현실화된 1998년에 한국 정부나 국민들은 처음 맞는 코리아 국가부도 사태인 만큼 충격적으로 받아들였고 30대 대기업들도 하루아침에 상당수가 흔들리는 과정을 보며 혼비백산했는데, 구조조정에 대한 사회적 합의가 그만큼 급속도로 이루어졌다. 구조조정이 현실화되자 코리아 잠재력이 망가진 정도는 아니고 복원력이 어느 정도 있을 것이라는 점과 이 사태가 외화 부문의 기술적 지급불능의 결과임을 누구보다 잘 아는 국제금융자본은 역으로 한국의 우량기업 지분 확보나 인수에 놀라울 정도로 공격성을 보이며 다시 들어왔다. '확대된(또는 과장된) 공포'를 역으로 이용한 국제단기금융자본의 승리 성격으로 결론 난다. 당시 한국 정부로 이야기를 돌려보자.

5년 단임 임기를 가진 대통령제 구도하에서, 근본적인 해결책에 가까우나 그 정책의 열매를 거두는 데 10여 년 또는 그 이상이 걸린다면 그러한 정책은 하는 듯한 시늉만 하고 싶어진다. 반면 10여 년 또는 그 후에는 후유증이 나타날 수 있지만 그 정책의 열매가 5년 안으로 반짝거릴 수 있는 정책은(표 안내고) 하고 싶은 마음이 굴뚝같아진다. 이 예에 가장 적합한 정책이 '국가채무 증가'다.

국가가 세수입보다 더 많은 예산을 국가채무 증가를 통해 집행한다면, 국민들 다수에게 복지예산을 늘리는 데 안성맞춤인 셈이다. 다만, 1998년 IMF 경제위기에서 보듯이 외화자금의 경우 단기 차입보다는 장기 차입으로 채무 증가를 하고, 1998년 30대 대기업 부도 사태 등을 통해 기업채보다 국채선호 경향이 더 높아진 만큼 원화 차입 방식의 장기국채시장을 잘 활용하는 잔꾀를 부리면 된다.

· 한국 국가채무 및 GDP 대비 국가채무 비율 ·

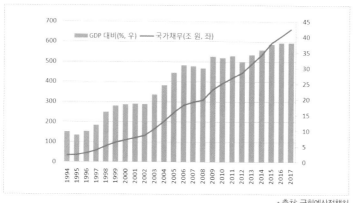

* 출처: 국회예산정책처

위의 표를 보면 국가채무 규모의 절대적 수치가 1995년 이후 증가하는 추이가 뚜렷이 나타난다. 국가채무를 GDP에 나눈 '국가채무 비율'을 보면 코리아 12시 1994년이 지나며 불과 몇 년 사이 10% 수준에서 20%에 가까운 폭발적인 증가 비율을 확인할 수 있다.

코리아 오후 2시는 1998년 이후 10년이 지난 2008년으로 설
정했다.

• 한국 국민총소득 증가율(단위: %) •

• 출처: 한국은행 '국민소득'

　1980년, 한국의 국내 정치 혼란기이자 제2차 석유파동이 겹
친 해 실질국내총생산 성장률이 -1.9%를 기록하고, 1998년 IMF
경제위기 때 -5.7%를 기록한 것을 제외하면, 2009년 글로벌 금
융위기가 있기 바로 전해인 2008년에 GDP 성장률이 2.3%에 그
치며 2003년 신용불량자 카드 사태 당시 2.8%를 하회하며 신저
점을 기록했다. 그때 코리아 시곗바늘은 오후 2시를 가리켰다고

본다.

이러한 분류는 국내총생산(GDP) 증가율로도 알 수 있는데, 1인당 국민총소득(GNI) 증가율로는 더 확연하게 확인할 수 있다.

· 한국 1인당 국민총소득 증가율(단위: %) ·

* 출처: 한국은행 '국민소득'

또한 2008년은 세계 경제성장률보다 항상 그 이상을 보였던 한국 경제성장률이 세계 경제성장률보다 하회하는 추세를 두 번째로 그리기 시작한 시발점이라는 측면에서도, 코리아 오후 2시 설정 근거로 잡았다.

코리아 오후 2시 2008년을 기점으로 세계평균보다 못한 한국평균 경제수치가 고착화된다. 물론 2010년에 일시적으로 다시

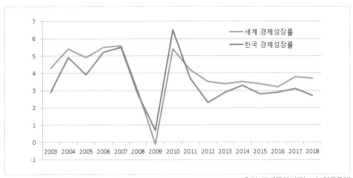

• 출처: 국제통화기금(IMF), 한국은행

한국평균 경제지표가 세계평균을 상회하는데, 그다음 해 2011년 다시 세계평균보다 못한 한국평균 경제수치로 돌아간다.

왜 그랬을까? 당시 한국 정부는 '4대강 개발'에 집중했는데, 집중할 당시에는 정부 예산이 투입되는 만큼 경제회복력에 도움이 되었지만 정작 개발이라는 투자 이후 과실이 나오는 현금 흐름이 없었고 완성되고 나서 전후방 경제효과도 없었다. 즉, 들어가는 투자 돈은 있었는데 투자 이후 창출되는 돈은 전혀 없었고, 오히려 거꾸로 유지비용만 있어 투자 이후에도 유지에 돈이 새는 상태였던 셈이다. 그러다 보니 2012년에는 세계 경제성장률은 3.5% 증가한 반면 한국 경제성장률은 2.3% 증가에 그쳐, 세계평균보다 무려 마이너스 1.2% 하회하는 경제지표가 나왔다.

당시 정책이 실물경제에 투입한다는 큰 그림은 틀린 게 아닌데, 분야를 아주 단순 무식하게(?) 도로건설에 집중하거나 아니면 4대강이 아니라 한 개 강만을 타깃으로 설정하여 실제 내륙운하 완공으로 인한 현금 흐름 창출 및 전후방 경제효과를 재는 피벗테스트에 그쳤다면, 아마도 그 이후 한국 경제 흐름이 많이 달랐을 거라고 필자는 생각한다.

사후 경제효과가 검증되지 않은 정책에 자원을 집중하는 것은 (좋게 말해서) 운이 좋으면 대박이고 운이 나쁘면 쪽박이다. 일종의 시료 샘플 검증이라는 피벗테스트 없이, (수백 년의 축적과 시행착오 끝에 완성된) 유럽 운하 문화에 대한 주마간산식 직감이 정책 의사 결정에 적지 않게 들어간 모양새는 결국 대박 신화가 되지 못하고 부메랑으로 한국 경제에 돌아왔다.

어찌되었든 코리아 경제시계는 2008년을 기점으로 세계평균보다 못한 한국평균이라는 오후 2시를 가리키게 된다.

PART
2

현재를
뒤집어
본다

함몰비용 이치를 배운 듯한 미국 사회

필자는 심리학을 전공하다가 후에 경영학을 배웠다. 인간 및 사회 심리를 공부하다가 비즈니스 경영학을 배우면서 가장 신선하게 가슴에 충격을 주었던 경영학 용어가 '성크 코스트(=매몰 비용)'였다. 침몰하거나 함몰한 비용이라 부르는 성크 코스트에 관해 이야기해보자. 다음은 필자 주변에서 실제로 일어났던 실화다.

기계 1대당 200만 원에 구입하여 100여 대(총 투자액 2억 원)를 운영하는 제조업자가 생산하던 제품이 중국 제품들이 싼값에 물밀듯이 수입되면서 가격 경쟁력이 없어졌다. 기계를 처분하려고 하니 1대당 8만 원이라는, 거의 고물 값 수준의 값을 시장가로 부른다. 총 투자액이 2억 원이었다는 숫자에 매달릴 것인가, 아니면 현재 처분 가능액 800만 원이라는 숫자를 볼 것인가?

지금도 2억 원이 적은 돈이 아닌데 이 실화는 30여 년 전 이야기이고, 그분은 당시 800만원에 100여 대 기계를 처분했고, 그 이후 어려운 과정 속에서도 제조업자가 아니라 유통업자로 그 업종에서 계속 남았고, 현재는 그 업종 상위에 있다. 만약 그때 그 지인 분이 당시 투자한 돈 2억 원에 집착하고 다른 의사 결정을 내렸다면 아마도 그 업종에서 건재한 현재의 모습과 달랐을 수 있다. 우리나라 격언에 '죽은 아들 부랄 만져봐야 소용없다'는 말이 미국식 경영학에서 논하는 성크 코스트와 가장 유사하다고 느낀다.

그런데 말이 쉽지, 실제로 어떻게 그렇게 할 수 있는가? 술이라도 마시는 날이면 그 돈으로 당시 땅을 샀으면 '강남에 빌딩 몇 개를 살 수 있었을까?'부터 온갖 잡생각이 머릿속을 떠나지 않는 게 사람 심리가 아닌가.

개인 수준에서도 성크 코스트를 실제 행동과 의사 결정에 적용하는 게 쉽지 않은데, 특히 국가 차원의 조직 수준에서 성크 코스트를 실제로 현명하게 적용하는 것은 거의 불가능에 가깝다.

1차 세계대전의 발발 사건이 된 '사라예보 사건'을 보면, 1914년 6월 28일 오스트리아-헝가리 제국의 황태자인 프란츠 페르디난트 대공과 그의 부인이 세르비아 민족주의 조직에 속한 불과 19세의 청년에게 암살되자, '죽은 아들 부랄 만져봐야 소용없다'가 아니라 수많은 희생을 치르는 세계대전의 지루하고 피비린내 나는 고통의 시간으로 들어갔다. 국가 조직 차원에서 성크 코스트를 고려하는 게 얼마나 어려운가를 보여주는 한 대목이다.

그 이후 많은 시행착오와 훈련 과정을 거치며 미국 등 유럽 국가는 국가 조직 차원에서 성크 코스트를 놀랍게 보여주는 사례가 현대사에 기록되고 있다.

우리는 이 책에서 코리아 경제시계를 논하고 있다. 그렇다면 '세계 최강국의 위치에 있는 미국의 경제시계는 몇 시를 가리키고 있을까?'라는 질문이 절로 나오게 된다.

9.11 뉴욕 맨해튼 테러가 발발한 당시, 필자는 한참 동안 '미국은 클라이맥스를 지나고 있는 것은 아닐까?'라는 질문에 빠지곤 했다. 그런데 당시 9.11 테러가 빈 라덴과 알카에다도가 아니라 미국 정부가 깊숙이 개입한 의혹을 제기한 1시간 21분짜리 다큐멘터리 형식의 동영상(루즈 체인지)이 확산됐고, 미국 제도권 뉴스사인 폭스 뉴스에 특집 방영까지 되었다.

아마 한국에 이와 유사한 사건 근처에라도 가는 일이 발생한다고 가정하고 딜런 에이버리(루즈 체인지 감독)가 제작한 어느 정도 설득력 있는 동영상이 나타났다고 가정한다면, 매우 장시간 시끄러웠을 가능성이 높다.

반면 당시 미국 사회는 놀랍게도 이런 이슈에 조용한 모습을 보인다. 총기 보유가 합법화되어 있고 금융시장의 가격변동 상·하한 폭이 제한이 없는 '무한경쟁'으로 지칭되는 미국 사회구성원들은 어쩌면 원인이 어찌되었든 결과적으로 수천 명의 자국 시민이 사망한 9.11 테러 사건이 발생한 만큼, 미국 국익을 챙기는 방향으로 가고 있는 주류 사회의 희망 방향대로 동참하여 가는 게 최선이라고 생각한 듯하다.

이러한 미국 사회원들의 의식 속에 나타난 의사 결정은, 9.11 테러 사건이 발생했고 그 과정에서 수천 명이 죽은 사실은 매우 안타깝고 충격적이지만 일종의 돌이킬 수 없는 과거에 함몰된 성크 코스트이며, 음모론적 의혹이 일부라도 설사 사실일지라도 뚜렷한 증거가 없는 이상, 그에 대한 사회적 관심도 또한 성크 코스트라는 사회적 합의가 이루어졌다고 필자는 분석한다.

그 이후 대통령 선거에서 미국 사회원들은 최초의 흑인 대통령 오바마를 뽑으며 정권을 옮겨 탄다. 9.11 테러의 조작 의혹에서 전혀 무관한 오바마가 대통령이 되면서 (한국 같은 경우에는 상대방 정권에 대한 흠을 내기 위한 시도 차원에서라도 있을 법한) 미국 정보기관에 대한 일체의 사회적 이슈 제기 없이, 오히려 전 정권의 연장선상에서 빈라덴 사살이 감행되었다.

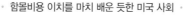

· 함몰비용 이치를 마치 배운 듯한 미국 사회 ·

이러한 과정을 지켜보며, 미국의 경제시계를 중국 경제의 확장 등의 경제논리로만 100% 분석할 수 없을 만큼, 미국 사회구성원들의 집단 의사 결정 수준이 마치 대단히 성크 코스트 교육을 받은 모양(효율적 의사 결정)을 하고 있어, 비경제논리도 상당 부분 고려해야겠다는 게 필자의 생각이다.

한국의 경제인은 아는데
사회는 모르는 듯한 함몰비용

그렇다면 코리아 경제시계 오후 3시를 가리키는 때는 2020년이라는 필자의 주장에 관한 근거는 무엇인가?

사람이 살다보면 말싸움을 하게 된다. 그때 으레 자주 하는 말 중에 하나가 '증거 대봐라'일 것이다.

코리아 오후 2시로 설정한 2008년을 돌아보면, 그해 한국 GDP 성장률은 세계 GDP 성장률 평균을 하회하는 추세가 시작된 시점이다. 이러한 경제수치가 집계되는 시점은 그 시점이 최소한 몇 달 지나야 알게 된다. 즉, 2020년 한국 경제지표를 가지고

2020년을 논할 수 있는 시점은 2021년 봄이 되어야 한다는 이야기다.

분석거리나 기사거리 또는 토론거리로서 2020년을 도마 위에 올리는 것은 2021년 봄에 가능하겠으나, 이미 미래를 대처하기 위한 의사 결정에 있어서는 그때 되면 일종의 죽은 아들 부랄 만지는 식의 성크 코스트 변수인 셈이다.

앞에서 미국 사회구성원들의 성크 코스트를 깨닫고 있는 듯한 효율적 집단 의사 결정에 대해서 이야기했다. 바로 이 성크 코스트를 고려한 효율적 집단 의사 결정이 유독 감정이 강한 한국 사회에서는 그동안 뒤쳐지며 군중심리에 휘둘렸지만, 2020년은 한국 사회에서도 최소한 이 점에서는 '터닝 포인트'가 나타날 가능성이 높아 보이기에, 필자는 2020년을 코리아 경제시계 오후 3시로 설정하였다.

집단 의사 결정 측면에서의 미국 사회구성원들의 현명함 때문에, 중국 경제 강국 대두 등 경제적 측면에서의 열위 요인에도 불구하고 프리미엄을 더 얹어 '미국 경제시계'를 논할 필요성을 언급했다. 반면 한국은 지표화된 경제지표 자체도 썩 좋은 수준도 아닌 데다가, 집단 의사 결정 측면에서 한국 사회구성원들의 군중심리 쏠림 현상 때문에 디스카운트를 하여 '코리아 경제시계'를 논의해야 될 상황이 급박하게, 그리고 연속적으로 전개되었다.

물론 한국 사회에 이런 현상이 매번 발생하는 것은 아니다. 비즈니스 마인드 측면에서는 대단히 현명한 집단 의사 결정이 나타나는데, 문제는 그렇지 않은 집단 의사 결정도 혼재하며 특히 정책 및 경제 변수에 간접적 영향력이 높은 큰 이슈에 관해 그 발생 비중이 현저하게 증가하고 있다는 점이다.

코리아 경제시계 오후 2시의 경제적 특징은 '세계 경제성장률보다 못한 한국 경제성장률'을 일차적으로 꼽고, '군중심리화된 쏠림 현상이 경제 변수에까지 영향을 줄 정도로 부각'되었고 그러한 사례로 '2018년 6월 지방선거 결과'를 통해서도 '쏠림 극단화 현주소'를 읽을 수 있다.

2-1장에서 성크 코스트를 본능적으로 깨우치고 행동에 옮긴 중소기업인 이야기를 했었다. 그런데 경제인이 아니라 한국 사회로 들어가면, 성크 코스트에 오히려 역으로 집착하는 군중심리

를 여기저기서 발견하게 된다.

20여 년도 넘은 사건을 다시 이슈화하여 들추어내어, 이미 과거에 그 사건에 대해 수차례 '나빴다'고 평가했던 사건들을, 다시 여론 재판 도마 위에 올려 갈기갈기 씹는다.

지금 벌어지고 있는 잘못된 경제 정책은 제기하지 못하고, 2~30여 년 지난 사건들은 무덤을 파서 관을 부숴서라도 다시 이슈화하는 한국 사회는 함몰비용에 오히려 집착하는 집착증 현상마저 나타나고 있다.

미국 사회구성원들이었으면 '버려야 되는 카드'를, 한국 사회구성원들은 오히려 버리지 않고 더 집착하는 양상을 다양한 부문에서 목격하면서, 예전에 금융시장 가치분석 밸류에이션 과정에서 자주 거론되던 '코리아 디스카운트'가 없어진 게 아니라 '집단심리' 또는 '집단 의사 결정'의 형태에 변형되어 반영된다고 생각된다.

만약 한국 사회에서 미국의 딜런 에이버리 같은 사람이 나타나 국가의 안위에 직결되는 예민한 이슈에 대한 반대 주장을 폈다고 가정하자. 어느 정도 설득력 있는 부문에 대한 관심보다는 설득력 약한 부문에 당장 초점을 모아 아마도 감방에 보냈을 가능성이 있다. 하지만 미국 사회는 9.11 테러의 미국 정부개입 가능성을 주장한 딜런 에이버리를 놀랍게도 감방에 보내지 않았

· 음악에 열광하는 사람도 있고 다수 속에 조용히 듣는 사람도 있는 미국 사회 ·

다. 그럴 필요성도 없었다. 미국 사회구성원들의 집단 의사 결정은 대단히 비즈니스 마인드 성향이 높았기 때문이었다.

'A는 A고, B는 B다. B를 결정함에 있어 (A는 고려할 필요 없이) B만 집중한다'는 게 미국 집단 의사 결정이었다면, 한국 집단 의사 결정은 다음과 같이 비유된다.

'A는 A인데, B도 놓칠 수 없다. B를 결정함에 있어 (고려할 필요 없는) A도 고려하며 같이 본다'

· 2018년 지방선거 광역단체장 선거 결과 ·

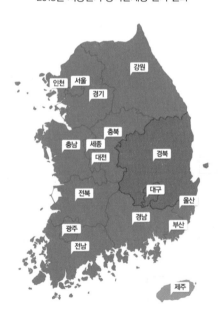

2018년 지방선거 결과를 살펴보자. 58쪽 그림은 광역단체장 선거 결과를 나타낸 것이다. 기초단체장 및 시의회, 그리고 구의회로 내려가면 이러한 한곳 쏠림은 더 심하게 나타난다.

· 2018년 지방선거 서울 구청장 선거 결과 ·

위 그림은 서울 25개 구청장 선거 결과를 나타낸 것이다. 25개 구 중에서 24개 구가 1번이다. 쉽게 말하면 대통령도 1번, 도지사 및 시장도 1번, 도지사 및 시장 견제하는 광역의원도 1번, 자치구청장도 1번, 구청장 견제하는 구의회도 1번인 사회다. 정치에 있어 견제는 없으며, 현재 경제가 좋으면 1번 공이고, 나빠도 다른 누구에게도 물을 수 없고 1번에게 물어야 하는 구조다. 다른 사람들은 아예 없으니 말이다.

필자는 작년까지 일주일에 한 번은 서울시 은평구 연신내 역사거리를 지나갔다. 연신내 사거리에는 신호 및 속도위반을 잡는 단속 카메라가 양방향에 설치되어 있음에도 교통경찰관이 사거리에 서서 비디오카메라로 찍으며 추가 단속 의지를 자주 보여주는 곳으로, 이 지역 운전자들에게는 유명하다.

국회의원도 1번이고 구청장도 1번인 은평구인데, '국회의원이 각 동네 보안카메라를 바꾸어주었니, 여름철 전기세를 인하해주었니, 핸드폰 요금을 인하해주었니' 하는 불법 현수막이 사거리에 문구만 바뀌며 거의 사계절 내내 걸려 있다. 불법 현수막을 단속해야 하는 구청장도 1번이고, 구청장은 다음에도 공천 받으려면 해당 지역구 국회의원에게 잘 보여야 되는 구조이니, 국회의원의 불법 현수막을 누가 단속할 수 있으랴?

그런데 그 불법 현수막 옆에, 그리고 양방향 단속 카메라 밑에서, 추가 단속 의지를 표명한다. 필자의 질문이다. '그런 상황에서 우리는 법을 지켜야 하는가, 지키지 말아야 하는가?'

그런 상황에서 우리가 법을 지키는 이유는 '법을 지켜야 되는 당위성' 차원이 아니라, 약자인 개개인이 괜히 과태료를 낼수는 없기 때문에 어쩔 수 없이 지키는 경우가 대부분일 것이다.

군중심리가 지나치게 극단으로 간 한국의 현주소다.

둘 다 불법인데, 하나는 단속하지 않고 뻔뻔하고도 버젓이 계속 불법을 저지르고, 다른 하나는 이미 단속하고 있는데 추가로 더 단속할까 봐 조바심을 내야 하는 사회다. 생존게임 측면에서 이러한 코리아 집단 의사 결정 쏠림 현상은 2019년에 전환점이 예상된다.

코리아 3시 2020년과 그 이후 시간으로 들어가 보자.

자생력을 갖추기 위한
신뢰성 게임

사회생활은 일종의 게임 과정의 연속이다. 각자가 가지고 있는 자원과 시간은 한정적인데, 그 경제적 자원을 어떻게 할당하는지는 각각 다르다. 혹자는 산술평균적으로 자원을 할당하는 반면, 어떤 사람은 자원을 한곳에 집중 할당하는데, 이러한 '선택적 집중'도 생산자원에 할당하는 사람과 소비자원에 할당하는 사람으로 세분된다.

예를 들어, 집은 적당하게 전세로 살거나 집값이 싼 지역에 거주하고 우선 좋은 비싼 차를 구입하는 할당정책도 있는데, 이를 대부분의 좋은 전략이라고 볼 수 없다. 하지만 직업이 보험설

계사이거나 외제차 판매원이고 타깃 마케팅 목표가 부자라면 성공하는 전략일 수 있다.

실제로 필자 지인 중의 한 명은 이 전략을 구사하여 당시 수입차를 소수만 구입하던 시절 억대 수입차를 굴리며 집은 변두리에 살며, 의사들을 상대로 어울리며 골프도 많이 치고 보험도 많이 팔았다.

이렇듯 '케이스 바이 케이스'로 같은 전략도 특수한 개개인의 시장논리를 반영할 경우에는 평가가 다를 수 있는데, 문제는 단순한 모방 심리가 크게 작용하거나 시장논리를 반하는 구도를 갖고 있다면 이야기는 달라진다.

· 신뢰성 게임 : '저 표지판을 믿을 수 있는 거지?' ·

명예퇴직하거나 중도 퇴직한 자금으로 생산자원 또는 미래 가격이 올라갈 것으로 예상되는 실물 및 금융상품 자본에 자원을 할당하기보다는, 그동안 못 탔던 비싼 차를 구입했다면 처음에는 지인들에게 은근히 자랑하겠지만 시간이 지나면 지인들에게 돈을 꾸거나 부탁하러 갈 가능성도 높아진다. 바로 이게 한정된 자원을 가지고 벌이는 신뢰성 게임의 개인 버전이고, 집단이 가지고 있는 한정된 자원을 배분하는 신뢰성 게임의 집단 버전으로 가면, 이후에 나타나는 반대급부가 더 비싼 대가를 치러야 되는 수가 많다.

수신제가치국평천하(修身齊家治國平天下)라는 말을 경제논리로 적용하면, 자국의 국내경제가 내실이 있고 기반이 좋은 상황에서 외교적 성과에서 모험을 하는 게 아니라, 자국의 국내경제가 내실이 약화되고 제조업 기반도 악화되는 상황에서 외교적 성과에서 자원 집중을 한다면, 어떻게 대처해야 하는가. 다행히 외교적 성과가 가시화되고 이러한 성과가 홍보 측면에서 성공리에 매스미디어에 도배된다 하더라도, 당장 먹고사는 경제문제가 흔들린다면 코리아 집단 차원에서의 한정된 자원의 외교자원 집중에 따른 부메랑 효과는 결국 표면화될 수밖에 없겠다.

이렇듯 집단 차원에서의 수업료를 내면서 뒤늦게 겪고 체험해 가는 과정이 지루하게 이루어지며, 한국도 집단 의사 결정 당시의 선전 전략에 쏠리기보다는 선전은 도배가 되더라도 체험적이고 고통스러운 깨달음을 통해, 2020년 경제시계 3시에 맞추어 자생력을 모색할 것으로 전망된다.

국가 경제의 건강을 진단할 때, 서비스업도 중요하지만 더 중요한 업종은 제조업종이다. 한번 한국을 떠난 제조업은 다시 한국으로 돌아오기가 막연한 생각보다 매우 어렵다. 일자리라는 고용 창출도 제조업이 중심을 잡아주고 있을 때 업종별 순환 효과가 있지, 제조업이 흔들렸을 때의 고용 창출은 매우 제한적일 수밖에 없고 그 효과도 한시적 내지 단발성 성격을 가지게 된다.

필자는 섬유업종에 있고 방직부터 시작하는 섬유업의 다양한 사람들을 지난 10여 년간 만났는데, 그중에는 북한 개성공단에 입주한 섬유업종 관계자들도 포함된다. 처음에 제기된 장밋빛 희망을 다 믿은 것은 아니지만, 공장을 중국 등지에 이전하는 길보다는 동포도 돕고 낫다고 생각하고 시작한 개성공단 입주가 경공업 기반의 공단 특성상 50여 개 이상의 섬유봉제 업체가 입주 운영되었는데 이제는 예상 외로 장기간 골칫덩이 경영 이슈로 전전긍긍하는 현실이다.

향후 외교환경이나 국제환경 급변 시 발생하는 리스크는 누가 책임질 것인가? 설사 최소한 경제에 있어서는 북한이 중국처럼 철저하게 향후 시장논리를 추구한다 해도, 지속적인 경영가능성 문제는 별개의 문제다.

10여 년 전 우리에게 너무도 익숙한 '이마트'와 '롯데리아'가 중국에 진출하였을 때, 10억 이상의 중국 인구 중에 몇 %만 일년에 몇 번 시장을 보고 몇 개만 먹어도 몇 개가 팔릴 수 있다는 식의 장밋빛 전망이 여기저기에 있었다. 그리고 10여 년 이상

의 시간이 지났고 이들의 중국 영업은 만성 적자 지속이다. 이랜드 등 일부 성공 사례도 있지만 평균적으로 인구 거론하며 산수하듯이 판매 예상 전략을 세우고 생산 및 경영할 수 없다는 사례는 숱하다.

· 단순 숫자의 오류: 중국 인구와 이마트 중국 수익성 ·

필자의 주장대로 2020년 경제 시곗바늘이 가리키는 시간이 오후 3시라 하더라도, 섣부른 실망은 하지 말자. 오후 3시라 하더라도 태양은 아직도 3시간 더 볼 수 있고, 서머타임 오후 3시라면 평소 오후 2시라 태양은 더 볼 수 있다.

PART
3

집단과
개인의
다른 선택

현재에 유리한
경제적 전략

　만약 필자의 코리아 시간 설정이 크게 틀리지 않다면, 어떠한 경제적 전략을 취해야 유리할까? 개인으로 경제적 의사 결정을 해야 되는지, 아니면 사회구성원으로 집단 의사 결정을 해야 되는지에 따라 처방책이 다르다고 생각한다.

　만약 여러분이 한국 실물경제에 있어서 제조업을 영위하거나 관련이 있고 그 판매경로가 국내시장에 한정되거나 국내시장 의존도가 매우 높다면, 기본적으로 '잠수' 또는 '부분 잠수' 또는 '선별적 잠수'가 처방책이 될 가능성이 높다.

소수의 수익성 나는 제조업 영위자를 제외하고, 대부분의 제조업자들이 감가상각비나 고정자산투자비를 회수할 정도의 수익성은 이미 포기한지 오래고 인건비, 운영비 등의 변동원가 비용만을 약간 상회하는 수익성이라도 운영하는 경우가 많다. 때로는 변동비도 옳게 못 건지는 경우도 발생하지만 은행 채무 유지 및 언젠가는 호시절이 다시 오리라는 희망을 가지고 운영하는 경우도 보았다.

'선별적 잠수'와 '웨이팅' 전략을 적절히 혼합하여 지루하게 어려운 시절을 잘 견뎌내시길 응원하며, 한국 경제가 이러한 제조업 종사자들 덕분에 아직도 허리가 유지되고 있다는 점에 깊이 감사드린다.

· 물 바로 밑에서의 부분적 잠수 그리고 와칭(Watching) ·

3시 코리아

만약 여러분이 제조업은 아니더라도 수입품과 정보들을 포함한 유통업을 하거나 관련이 있다면, 재고유지비용을 줄이거나 단순 브로커리지 수수료를 챙기는 비중을 높이는 처방책을 제안하고 싶다.

가령 부동산중개업을 한다면, 사고파는 브로커리지 수수료를 챙기려는 접근보다는 다른 경쟁자와의 매물 및 소개 정보 공유를 과감하게 늘려 최소한 사거나 파는 하나는 신속성을 가지고 확보하는 영업이 유리한 환경일 수 있다.

한국에서 만들어진 제품을 파는 1차 벤더 유통업을 한다면, 제조업자와 공생하는 판매 전략과 함께 가끔씩 제조업자를 도와주는 접근을 제안한다. 이렇게 되면 제조업자의 생존을 도모하는 속성상 거꾸로 어렵거나 물건이 달리는 시장 상황이 순간적으로 오면 도움 받을 가능성도 높아지며, 그 사례를 개인적으로 여러 차례 목도했다.

한국에서 만들어진 제품이더라도 2차 벤더 이상 유통업을 한다면, 시간 자원을 과감하게 최종 구매자를 확보하는 쪽에 집중하고, 물건을 조달하는 1차 벤더는 소수 관리만 하는 것도 좋은 생존 전략이다. 최종 구매자를 많이 확보하는 능력은 말을 안 해도 1차 벤더는 자동으로 눈치챌 수밖에 없고, 박리다매로 2차 벤더를 붙들려고 할 테니 말이다.

아직 취업하지 않은 학생이라면, 어떻게든 학교 학습 기간을 축소하는 접근을 제안한다. 실물경제 흐름의 세계를 '필드'라고 약칭한다면, 필드에 있는 사람들은 이미 학교에서 배우는 과정이 실제에 적용하기 어려운 현실을 이미 꿰뚫어보고 있고, 세상 실제 흐름은 필드에서 새롭게 배워야 할 필요성을 절실하게 느낀 경험자다. 취업을 준비한다면 자신의 약점과 강점을 생각해보고, 자신과 유사한 사람이 가장 가지 않는 업종을 노크해보는 전략을 적극 추천한다. 자신과 유사한 사람들을 만나기 쉬운 곳은 그만큼 미래 경쟁자가 많다는 말이고, 반면 자신과 유사한 사람들을 만나기 어려운 곳은 그만큼 미래 경쟁자가 적을 수 있기 때문이다.

코리아 경제시계를 거론하면서 다소 동떨어진 분야별 이야기를 거론한 취지는 힘들더라도 현재 주어진 일상에 애정을 갖고 기다려보자는 메시지를 전하기 위해서다. 무작정 기다리는 단순 전략은 아니고, 다음 논의할 체크포인트 3가지 상황의 변화 여부를 점검해보면서 경우에 따라서는 (9부에서 거론할) '비상시 탈출 전략'을 나름대로 세우고 기다리자는 이야기다.

기다림을 처방책으로 제시하는 이유는 부분적 와해가 가속화되었더라도 완전히 무너진 것은 아니며, 코리아 경제시계가 먼 훗날 저녁 시간을 가리킬 때 '따뜻한 저녁 식사'를 가족들과 함께 하기 위해서다.

최근 10여 년 이상 정부가 돈을 직접 주는 정책이 남발되고 있다. 대학을 졸업하고 취업 안 되는 얼마의 기간 동안 미취업자에게 돈을 주거나, 인구 출산을 장려하는 차원에서 육아에 필요한 돈을 주거나, 노인들 중에 일정 나이에 되면 매달 얼마를 주는 식의 정책을 말한다. 돈을 받는 사람들이 곧 유권자니 정치 및 투표 성향도 이러한 정책 집행자에게 표로 보답할 거라는 막연한 믿음도 정치인들에게 팽배하다.

조직에도 비영리 각종 단체 중에 집권 세력의 호위대 역할을 하거나 비위를 열심히 맞추어주는 단체 위주로 정부 예산 집행이 공공연하게 이루어지고, 정치적 중립성을 지켜야 할 비영리 민간단체나 교육기관은 정부 및 지방단체의 직접 및 간접 예산

지원을 도모하기 위한 차원에서 정치권 줄서기가 만연한 실정이다.

돈을 받는 당사자나 단체에게는 좋겠으나, 그 돈의 출처가 무리하게 걷은 세금이거나 아니면 국가 부채 증가를 통한 재원이라면 다시 생각해볼 일이다. 우리가 맞이하는 오후 3시 경제하에서는 이렇게 부채를 기반으로 하거나 부채의존도가 있는 정부 재정 지출이 바로 직접적으로 시장에서 금리 압박 요인으로 작용하기 때문이다. 이런 측면에서 이러한 정책추진비용 코스트가 높다고 평가된다. 따라서 높아진 정책추진비용만큼이나 정책 변수를 해부 분석하는 것이 필수적이라 하겠다.

· 높아진 정책추진비용으로 정책 변수 해부 분석 필수적 ·

이러한 차원에서 개인의 처신 방향은 '받을 수 있는 정부 돈은 받되, 미래를 위한 평가는 작은 정부를 오히려 지향하는 정책'을 마음속으로 응원한다면 개인적으로나 코리아 집단 차원에서는 옳은 첫걸음을 걷는 셈이다.

핸드폰을
이용하려는 집단

동네 산책을 할 때 지갑은 집에 놔두고 가더라도 핸드폰은 우선 챙기는 생활 패턴이 나타나고 있다. 장거리 국내 여행을 가거나 해외여행을 가는 경우에도 핸드폰의 대체 역할은 커져 카메라, 내비게이션 등을 따로 챙기지 않기도 한다. TV 및 동영상 시청, 결제, 여행안내, 문서 작성 등의 역할을 하며 핸드폰 의존도는 컴맹으로 거론되는 나이 드신 노인들까지도 높아졌다.

이러한 현상은 한국에서만 나타나는 게 아니고 글로벌 측면에서도 나타나는데, 필자는 유독 한국에서 핸드폰으로 인한 집단 의사 결정의 반작용이 유독 더 쏠리게 나타나는 이유를 다음과 같이 찾는다.

한국 시장에서 스마트폰 사용률이 2016년 들어 90%대를 보이고 있는 데다, 20대의 스마트폰 사용률은 군 입대자 등을 제외할 때 사실상 거의 100%에 육박한다.

스마트폰을 이용한 평균 사용시간을 기능별로 보면, 핸드폰 고유의 기능인 전화나 문자 메시지보다는 인터넷 브라우징 사용시간이 (전화와 문자 메시지 하는 시간을 합친 시간보다) 앞서며 1위를 기록하고 있다.

인터넷 브라우징을 하려면 검색엔진을 거쳐야 하는데, 전 세계 검색엔진 시장 점유율 1위인 구글이 전 세계평균도 92%인 시장점유율과 달리 한국은 최근 선방해도 10% 내외 점유율을 차지한다. 하지만 국내 사용자의 90%는 네이버·다음 등의 검색엔진을 거친다.

자국의 검색엔진을 통한 인터넷 브라우징 의존도가 높은 한국, 중국, 러시아 3개국에 속한 것은 다행이나, 어떤 면에서는 구글이 키워드 나열 없이 검색창 만을 단순하게 띄우는 창을 보여주는 반면 한국 스마트폰 이용자는 실시간 검색어 등이 요란스럽게 올라오는 자국 검색 엔진창에 그대로 노출된다.

중국과 러시아가 속은 다르더라도 적어도 정치적으로는 공산주의를 겉으로 표명한다는 점에서, 사실상 겉으로나 속으로나 민주주의와 자본주의를 추구하는 국가 중에서는 유일하게 한국만이 키워드 나열 및 배열 그리고 선정을 의도적으로 한 방향으로 하거나 획일적으로 할 경우 '정치 성격의 집단적 의사 결정'이 한곳으로 쏠림 현상이 심화될 위험에 사실상 무방비로 노출된 상태다.

· 쏠림 현상을 도모하기 위한 집단의 핸드폰 접근 성향 ·

이러한 한국만의 특이한 스마트폰 사용 환경은 중요한 선거가 다가오면 과거와 같이 '인물평가' 선거 전략보다는 '바람몰이' 선거 전략이 더 먹힐 환경을 자동 생성하게 되며, 실제로 북미 정상회담 관련 내용이 투표일 바로 하루 전에 나타나며 검색엔진을 도배할 때 투표결과가 과거 어느 때보다 얼마나 한쪽 방향으로 치우쳐 나올 수 있는지를 2018년 6월 여실히 보여주었다.

한국은 경제 규모만 보면 세계 12위 수준으로 선진국이나, 한국 정치 환경에 있어 정치적 보복 가능성이나 돈 적게 쓰는 선거의 실제 성공 가능성 측면에서는 미국 및 유럽 선진국에 비해 아쉬운 수준이 많아 정치 환경 선진국으로 거론하기는 어려운 게 현실이다. 그렇다 보니 막상 정권을 잡은 입장에서는 과거에 야당 시절 피해 입었을 가능성이 있는 정치 환경 변수라 하더라도, 고치고 싶지 않거나 안 고치는 경우가 나타난다.

정부 입장에서는 할 수 있는데 안 하거나 못하는 게 있는 상황에서, 키워드 선정 및 나열 등은 그 검색엔진 고유의 권한인데, 어떻게 정부가 나설 수 있겠는가?

일련의 정치 과정을 통해 사회적 집단 의사 결정이 표출되는 상황에서, '핸드폰을 이용하려는 집단' 부제처럼, 한국 정부는 이러한 쏠림 리스크에 대한 개선 의지가 없을 수밖에 없지 않을까? 왜냐하면 큰 실수나 실정을 하지 않는 이상 막상 집권 세력이 되면 이러한 한국의 특이한 정치 환경을 잘면 이용하면 계속적으로 정권 창출이 가능해보일 테니 말이다.

핸드폰을
버려야 하는 개인

한국에서 생활하려면 스마트폰 중독 현상까지는 아니더라도 사실상 스마트폰을 사용해야 한다. 필자도 이러한 사실과 환경을 잘 알고 있다. 그런데 왜 부제를 '핸드폰을 버려야 하는 개인'으로 잡은 것일까? 핸드폰을 사용하되, 마음속에서는 버려야지만 중장기 생존(=시간이 지나면 결국 단기 생존도 포함)에 유리하기 때문이다.

실제 생활에서 핸드폰을 이용하여 인터넷뱅킹을 하고, 문자나 카톡으로 사진 등을 보내고, T맵이나 맵피 등을 통해 길을 찾고, 이메일을 확인하는 등의 매우 도움 되는 기능은 잘 활용하면 더할 나위 없겠다. 그런데 마녀 재판 과정에 나도 모르게 참여하며, 나와 경제적 이해관계가 직접적으로 상충되지 않는 사람들에게 인터넷상에서 씹으며 돌을 던지는 순간, 나의 마음속에 평정심이 동시에 깨진다. 평정심이라는 말은 불어로는 esprit de tranquilité 또는 esprit de placidité로, 지형으로 보면 평지(일종의 대평원)에 있을 때의 마음이다.

사실 한국은 지형의 70%가 산이라서 큰 평지에 있다고 해도 저 멀리 산이 보이는 경우가 대다수다. 서울만 보더라도 어디에 있든지 멀리 산이 보이지 않는 곳이 없다. 사방을 둘러보아도 평지이고 저 멀리 어렴풋하게라도 산이 보이지 않는 곳에서 하루 종일 산다고 생각해보자. 그때의 마음이 평정심이다.

· 대평원 속의 평정심 ·

3시 코리아

우리 선조도 같은 한반도에서 산 많은 여기에 똑같이 살았다. 하지만 평지가 주는 교훈을 본능적으로 깨달았는지, 민간 생활에 통용되는 풍수지리설의 명당 조건 첫 번째로 집터 뒤쪽에 산이 있고 앞쪽에 개천이 보이는 곳을 좋은 집터, 소위 명당이라고 불렀다.

풍수지리 사상에서는 이곳에 집을 짓거나 묘를 쓰면 좋은 일이 일어나고 후손까지 복을 누릴 수 있다는 희망을 가졌는데, 자손의 번영과 대대손손 부귀를 얻을 명당이 과연 지리적 이유 때문이었을까?

필자가 추정컨대, 산이 많은 한반도에 아무리 자리를 잡아도 십중팔구 산이 보이는 자리인데, 그럴 밖에는 산을 뒤통수에 두고 평지를 앞에 두면 평정심을 가지고 사는데 큰 도움이 된다고 본능적으로 생각했기 때문이라고 본다.

비디오 동영상도 없던 옛날에, '선조인 내가 죽고 나서 후손들에게 평정심을 가지라고 일일이 말할 수 없는 만큼, 살 집터만큼은 산을 뒤에 두고 평지를 앞으로 보면서 평정심을 가지고 생활하면 내 후손도 잘살지 않겠나' 하는 애틋한 선조의 바람이 풍수지리로 포장되어 명당으로 거론되는 듯하다.

집터뿐만 아니라 묏자리도 산을 뒤에 두고 평지를 앞에 두는 이유는 죽은 사람 입장에서는 살아서는 다혈질로 사셨다 하더라도 죽어서라도 평정심 속에 있고 싶은 개인적인 소망과 더불어, 나중에 간혹 찾아올 자식들이 묘를 찾아올 때 '죽은 부모들도 생각하되, 이 묘 자리에서 평정심의 교훈을 잠시라도 새겨라'는 기원인 셈이다. 그만큼 우리 선조들도 살아가는 데 있어 '평정심'을 1차적으로 뽑고 싶은 지혜라고 보았던 것이다.

그런데 우리가 사는 현대사회로 돌아와 보자.

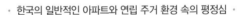
· 한국의 일반적인 아파트와 연립 주거 환경 속의 평정심 ·

3시 코리아

많은 사람이 아파트, 빌라 또는 연립에 거주하고 있다. 예전에 농촌이라고 일컫던 지역도 지금은 상당수의 아파트가 지어진 실정이다. 이러한 다층 주택 자리 자체가 뒤는 산이요, 앞은 평지라 하더라도 실제 다층 주택 개개 호별로 들어가 거실이나 방 창문으로 보이는 풍경은 '다른 아파트나 같은 아파트 다른 동'이 삐죽삐죽 솟아있거나 '아주 가까운 거리에 다른 빌라나 같은 빌라 다른 동'이 바로 눈앞에 펼쳐진 경우가 태반이다. 물론 그 사이사이 큰길이나 골목길이 보이겠지만 말이다.

이러한 주거 환경에서 핸드폰을 죽으라고 손에 잡고, 여기저기 인터넷 브라우징을 할 때마다 마녀사냥에 동참하고 있는 게 우리 코리아 현실 삶인데, "나는 평정심 대빵으로 많아요"라고 자신 있게 말할 분은 손 한번 드시길 바란다.

혹시라도 운이 좋아 소위 명당이라는 자리에 아파트나 빌라 같은 다층 건물이 아니라 단독에 사는 사람이 있다고 가정하자. 거실 창문이나 방 창문을 열어도 높은 게 잘 안 보이는 좋은 자리에 산다고 해도 실제 생활 패턴은 하루 종일 핸드폰을 손이나 근처에 두고 수시로 인터넷 브라우징을 하며 여기저기 인터넷상에 미주알고주알 하고 있다면 평정심 하고는 거리가 있을 수밖에 없다. 말이 쉽지 실질적이고 진정한 평정심은 그만큼 어려운 것이다.

한국인이 믿는 종교 중에서 평정심에 가장 관심을 두는 종교는 '불교'일 것이다. 불교 스님들의 오리지널 생활을 들여다보자. 오후 5시면 불교 사찰에서 종이 울린다. 겨울에는 오후 5시면 조금 어두워지지만, 여름에 오후 5시면 태양에 아직 저 위에 있다. 그런데 오후 5시면 종을 울리며 하루 일과를 마무리하며 새벽 5시에 다시 마음을 단단히 잡는다.

평정심을 갖기 위한 노력이 얼마나 처절한가. 필자는 다음과 같은 질문을 여러분께 던진다.

"지구상에서 가장 아름답다고 생각하는 것은 무엇입니까?"
"지구상에서 가장 추하다고 생각하는 것은 무엇입니까?"

물론 정답은 없으며, 다양한 답이 나올 수 있다. 첫 번째 질문의 답은 매우 다양하게 나올 것으로 예상되는데, 두 번째 질문의 답은 첫 번째 질문보다는 답이 상대적으로 덜 다양하게 나올수 있으며 의외로 '인간'이라는 답도 나올 수 있다고 생각한다.

적어도 필자는 지구상에서 가장 추하다고 생각하는 것은 '인간'이라고 생각한다. 특히 자연을 바라보고 있으면 그렇다.

그런데 인간의 과장된 행동과 사건에 일종의 실시간 검색어 및 키워드 나열을 통한 '간접적인 여론재판'이 범람하는 코리아 인터넷 브라우징 환경에 익숙한 생활을 하면서 '나는 편파적이지 않고 평정심을 가지고 의사 결정을 하며, 내가 속한 집단 코리아도 그렇다'고 자신 있게 말할 사람은 누가 있는가?

평정심하에서는 자기 마음을 스치고 지나가는 것에 여유를 갖고 대할 수 있으므로 자신은 균형을 잃지 않고 균형 잡힌 상태를 유지할 수 있다.

· 핸드폰에 손만 가고 영혼은 딴 곳에 보관하면 좋은 개인 전략 ·

핸드폰으로 통화도 하고, 사진도 찍고, 결제도 하고, 메시지도 보내고, 음악도 듣고, 인터넷뱅킹도 하고, 길도 찾되 의사 결정의 판단 근거는 다른 곳, 실제 생활에서 찾고 마음속에서만은 대평지에서 산다고 생각하길 바란다. 그것이 핸드폰을 버리는 현대적 방법이다.

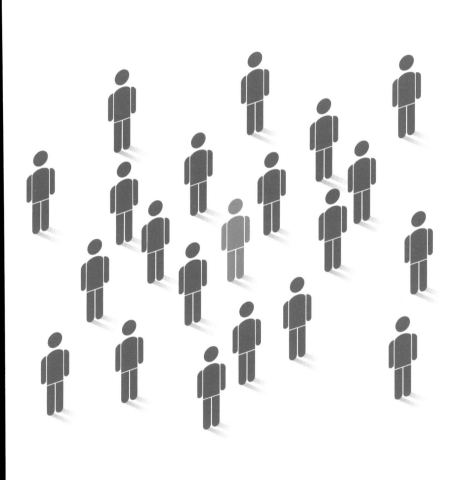

PART
4

체크포인트
2가지와
생존 전략

개인 및 집단 위험선호도 체크 방법

리스크는 한국말로 '위험'이라 부른다. 번역 과정에서 의미가 변형될 수 있으므로 그냥 리스크라고 부르겠다. 우리가 흔히 말하는 위험이 아니며, 리스크는 미래의 불확실성과 변동성을 뜻하는 동시에 라틴어 어원은 '용기를 갖고 도전하다'는 뜻도 내포하기 때문이다.

한국의 역사를 살펴보면, 자국 사람들끼리의 전쟁 성격인 '삼국시대전쟁', '6.25전쟁'이나 상대방 국가가 먼저 침략하여 방어하는 성격인 '임진왜란', '병자호란' 등은 많은데, 한국이 다른 국가를 먼저 공격한 전쟁은 고구려를 제외하고는 사실상 전무하다. 고구려는 현재의 북한 땅과 많이 중첩된다고 가정하고, 현재의 대한민국만 놓고 보면 '다른 국가를 선공격한 전쟁을 한 번도 안 한 나라'로 정의할 수 있다.

현재 지구상에 현존하는 국가 중에서 인구 일천만 명 이상의 국가를 살펴볼 때 캐나다나 호주와 같이 건국역사가 500년 미만이고, 사실상 본토주민들을 다 쫓아내거나 말살하고(일종의 선공격인 셈) 식민지는 아니더라도 과거 식민 통치한 후손이 주류가 된 국가들을 제외할 경우 매우 희귀한 국가인 셈이다. 그만큼 평화를 사랑하는 국가라고 할 수 있겠으나 한편으로는 이러한 성향이 변형되며 집단이나 개인 차원의 의사 결정까지 그 영향을 미쳐, 리스크 애티튜드(Risk Attitude)에 대한 집단이나 개인 차원

· 위험에 대한 한국 집단 접근_ 위험은 싫다, 공무원이 최고다 ·

의 특별 수업이나 훈련이 필요한 측면이 있다고 판단된다.

일단 통계수치가 전무하여 객관적인 증거를 제시할 수는 없으나, 학교 졸업생 중에 국가 공무원 시험을 준비하는 비중이 아마도 세계 최고 1등이라고 필자는 생각한다.

우리나라 공무원은 사실상 정년이 보장되어 있어 요즈음 흔히들 '철밥통'으로 부른다. 철밥통이란 플라스틱이나 사기 또는 목조로 된 밥통이 아니고 철로 만들어진 밥통이라 절대 깨지지 않고, 한번 공무원이 되면 하루 세끼 꼬박꼬박 정확하게 밥이 정년까지 나온다는 말이다. 정년 이후에도 죽을 때까지 연금이 꼬박꼬박 나오는데, 공무원연금은 일반적인 사람들이 넣는 국민연금과 달리 확실하게 더 많이 나온다.

그러니 얼마 전 결혼식장에 가니 아는 지인이 '내 사위는 철밥통 공무원'이라고 필자에게 자랑을 하는데, "좋으시겠다"고 맞장구쳤다. 그러니 그분은 "공무원이 생각보다 돈을 많이 받는다"고 또 자랑한다. 딸 이야기를 들으니 소방공무원인 사위가 월급 외에 이것저것 수당도 쏠쏠하게 나와 얼마 전에 사위가 차를 바꾸었는데 맞벌이하는 딸과 함께 국산RV차량 대금 4천만 원 정도를 현찰 박치기하여 놀라셨다고 한다. 그래서 "그 돈으로는 웬만한 외제차도 사실 수 있을 텐데, 아마도 직업이 공무원이라서 국산RV 사신 거 같네요. 따님 시집 잘 보내셨네요"라고 다시 맞장구쳤다.

코리아 정오 12시를 가리킨 1994년에는 좀 똑똑하다 싶으면 공무원에는 관심이 없었고 결혼식장에서 '사위나 며느리가 9급 공무원'이라고 하면 '시집이나 장가 잘 보내셨다'고 맞장구치기 힘든 시절이었다.

서울의 한 구청 건너편에 있는 빌딩에 사무실을 10여 년 이상 이용하다 보니 흥미로운 풍경을 목도했다. 어느 날 구청 정문에 1인 피케팅 시위를 돌아가며 하는데, 들고 있는 피케팅을 읽어보니 '현 구청장을 비난하는 내용'이고 피케팅을 든 사람은 그 구청에 근무하는 공무원이었다. 비난하는 내용도 뇌물 정도 급은 아니고 현 구청장의 출퇴근 관용차와 개인 소유 차 혼용 등의 문제였다. 어차피 구청장은 선거로 뽑는 임기 4년제이고, 공무원은 기본적으로 정년 보장 직이니 무언가 구청장 건수가 잡히면 이슈화하여 딱 구청 정문 앞에서 비난 시위를 해본들, 잘리지는 않고 한직 보직 정도 각오하면 된다. 오히려 다음 선거에서 다른 정당의 구청장이 뽑히면 입신양명할 수도 있는 것이다. (그후, 그 구의 구청장은 2018년 다른 정당 구청장으로 바뀌었다.)

입장을 바꾸어, 구청 공무원이 아니고 한 사기업의 직원들이 그들이 속한 기업의 정문 앞에 사장을 비난하는 피케팅 시위를 돌아가며 했다고 가정해보자.

• 나는 구청 공무원보다 오래 근무할 수 있다? •

현실 세계에서는 그 기업에서 잘리지 않은 이상 현직에 있으면서는 거의 불가하고, 특히 중소기업에 다닌다면 상상도 할 수 없는 일인데 구청 공무원은 할 수 있다. 그 정도로 신분이 사기업에 비해 월등하게 보장되어 있는 것이다.

이렇듯 아주 큰 결정적인 잘못이 없는 한 잘리기가 사실상 불가능하고 급여나 처우 현금 흐름은 중장기적으로는 사기업 취업보다 훨씬 좋고, 단기적으로도 비슷하거나 큰 차이가 없고, 정년퇴직 이후 현금 흐름은 사기업 퇴직 이후보다 월등하게 좋으면 공무원 못해서 못하는 거지, 공무원 할 수 있는데 사기업 다닐 사람이 과연 있겠는가?

그리고 대통령 선거나 중요 선거에 있어 공무원 철밥통 이해관계를 누군가가 건드릴 경우 보이지 않게 정치화되는 것도 보았다. 쉽게 말해, 유력 후보 중에서 누가 공무원 철밥통을 더 잘 지켜줄 것인지에 관한 기존 공무원들의 관심 표명도 상당하다는 말이다.

국가 공무원의 기본적인 임무는 국민에게 여러 형태의 서비스를 제공하는 일이다. 이 말을 그대로 믿었다가는 낭패할 수 있다는 필자의 경험담을 이야기해보겠다.

개인사업자든 법인이든 부가가치세 신고를 하고 세금을 납부한다. 그 방식은 '자진신고' 형태다. 각 경제주체가 알아서 신고하라는 말이다. 그런데 국가에 불리하게 뭘 빼먹고 신고했다가는 얼마 후에 가산세가 많이 붙어 통지가 온다. '적게 신고한 금액 얼마에다가 불성실신고 및 납부가산세를 더해서 언제까지 내시오'라고. 즉, 슈퍼컴퓨터 급의 정보장치가 국가세금징수기관에서 여러 가지 정보를 취합하여 세금 관련 데이터베이스를 각자가 스스로 신고하기 전에 나름 갖추어져 있어 국가는 다 알고 있으니, 이번에 신고한 금액에서 누락된 건을 청구한다는 말이다. 그런데 여기서 질문을 던져보자.

· 내게 유리한 상황이면 안 눌렀을 경우 안 나오고, 내게 불리하면 안 눌러도 고지서 오는 키 ·

경우가 달라져, 부가가치세 매입공제 대상에서 큰 금액을 실수로 빼먹고 신고하여, 해당 경제주체에는 불리하고 국가에는 유리한 반대의 환경에서, 국가세금징수기관의 데이터베이스에는 그 데이터가 있다고 가정해보자.

내야 하는 금액보다 실수로 더 많이 세금을 낸 경제주체에 '세금 더 많이 냈으니, 더 많이 낸 세금 가져가시오'라고 연락이 갈까?

연락이 오지 싫겠지만, 연락이 안 온다. 적어도 부가가치세에서는 말이다. (최근의 사례를 보니 취득세도 그렇다.) 그 사실을 매입세 누락 신고 이후 3년이 지나고 나서 깨달으니 결국 포기한다.

만약 '개인 대 개인', '개인 대 기업', '기업 대 기업'이면, 2년이 지나도 금액이 크면 당연히 이야기하겠지만, '개인 대 국가' '기업 대 국가'이면 현실적으로 어려움이 많다.

이러한 국가의 행태는 구체적으로 해당 공무원의 서비스를 통해서인데, 관공서 민원실 데스크에 앉은 공무원들에게는 어떻게든 이야기할 수 있겠으나, 데스크 뒷줄에 앉은 공무원이나 2층 이상 사무실에 근무하는 공무원들에게 민간인으로 무얼 이야기한다는 게 현실적으로 어렵다는 말이다.

필자는 중학교를 졸업하고 고등학교 입학 후 검정고시를 거쳐 대학을 2년 만에 입학했다. 친구보다 1년 일찍 대학에 들어가 동네에서는 당시 천재로 가끔 불렸다.

필자가 대학에 입학하기 바로 직전에 당시 '학력고사'에서 전국 수석한 학생이 이과인데, 서울대 의대에 들어가라는 주변의 권고에도 불구하고 자연대 미생물학과를 입학했다. 미생물 과학자가 되고 싶었기 때문이라는 기사를 읽었다.

필자가 대학에 들어오던 해에 당시 학력고사에서 전국 수석한 학생은 문과였는데, 서울대 법대에 들어가서 판검사가 되라는 권고에도 불구하고 사회과학대 경제학과에 입학했다. 사회과학대 심리학과에 입학한 필자는 가끔 그 학생과 마주칠 때는 '진짜 천재는 저런 거지' 하며 신선한 충격으로 그 학생을 바라보곤 했다. 그리고 대학 3학년 때 바로 위 선배들 전체 수석졸업생이 경영학과에서 나왔는데, 교수 되는 거 확실하니 석·박사 계속하라는 교수의 권고를 뿌리치고, 당시 SK그룹 신입사원으로 입사하여 연수원 운동장에서 달리기하는 기사를 신선한 충격으로 읽었다.

그런데 이러한 신선한 이야기는 슬며시 사라지고 일반적인 권고와 틀에 더 맞추어가는 모습만이 펼쳐지기 시작했다.

이제 다시 리스크 이야기로 돌아와 보자. 현재 코리아 집단 수준에서 리스크 회피 성향이 이렇게 강한데, 개개인에게 과연 리스크를 논할 자격이 국가에 있는가? 모두가 소위 철밥통만 챙기려고 한다면, 불확실성과 변동성으로 가득 찬 사적 경제영역은 철밥통 못 챙긴 사람들끼리 모여 '철밥통 시다바리' 역할만 해야 하는가, 그리고 언제까지 할 수 있는가?

리스크 이야기만 하면 사람들이 주식시장만 생각하기 쉬운데, 실물경제 리스크에 대한 한국 집단의 태도가 엉망 일보전이다.

얼마 전 부동산중개업소에서 전세 계약을 하는데 중개업자가 필자에게 "상대방에게 사업한다고 말하지 마라, 월급쟁이라고 말해라"라고 신신부탁하며, 이미 상대방에게 필자 직업이 월급쟁이라고 말했다고 한다. 내가 사업한다고 말하면 상대방이 불안해한다는 말이다. 사업한다고 하면 언제 망할지 모르고, 월급쟁이라고 하면 망할 가능성은 적은 게 현실이기 때문이다.

사업하는 사람은 사업한다고 말할 수 있고, 각 분야의 천재들은 다양한 분야에 흩어질 수 있고, 사위와 며느리가 국가공무원이라는 게 결코 자랑거리가 되지 않을 때, 한국의 진정한 터닝포인트이지 않겠는가?

따라서 집단 리스크 애티튜드와 관련한 체크포인트 방법은 매우 쉽다. 결혼식장이나 동네 노인정이나 동창회나 친척 모임에서 누군가가 사위, 며느리가 국가공무원이라고 자랑하고 있다면, 코리아 경제시계는 반전 없이 무참히 오후 시간대를 돌아가고 있다고 생각하면 된다.

얼마나 확인하기가 쉬운가?

제조업의 하부구조
체크 방법

필자는 애널리스트 금융분석가를 주업으로 10여 년 일하다가, 2006년 금융분석과는 아주 생뚱맞은 장갑업종에 발을 담그고 지금까지 그 업종에 있다.

필자가 취급하는 장갑은 우리가 일반적으로 건재상회 등에서 많이 보는 목장갑(면장갑), 반코팅 장갑, 중코팅 장갑 등 산업용 장갑이다. 어떻게 보면 매우 시시해 보이는 이 장갑이라는 품목에는 의외의 이야기가 내포되어 있다.

애널리스트로 있을 때만 해도 한국의 제조업을 생각하면 삼성전자 등의 반도체업종, 현대차·기업차 등의 자동차업종, 현대조선 등의 조선업종 그리고 화학업종 정도만 떠올렸다.

사실 당시 중국 제조업이 급속하게 발전하고 있어 한국 제조업의 허리 부문이 이미 상당히 타격을 받았다. 섬유업종만 해도 섬유 도시라 불리는 대구의 경우 상당수의 공장이 문을 닫았고 생활용품의 절대다수가 중국산에 밀려 한국의 중간 허리 제조업은 어려운 상황이었다. 고급 제품으로 제품구성을 변경한 공장만이 제한적으로 살아남았다.

장갑은 섬유업종에 해당한다. 대한민국에 그렇게 많던 수많은 섬유공장이 문을 닫고, 전방·경방·태광섬유 등 몇 안 되는 공장이 살아남았고, 이들도 20수 이상 가는 실을 뽑는 고급사 생산에 주력하여 중국산 저가제품의 공격을 방어하고 있는 상태였다. 이들은 미국, 우즈베키스탄, 파키스탄, 중국 등 면 생산국에서 목화를 가공하여, 처음에는 고급사 가는 실을 뽑는다. 뽑고 남은 찌꺼기 면을 이전에는 퇴물로 처리했지만, 이를 재가공하여 산업용 장갑에 적합한 5.5수 내지 8수 또는 10수 장갑사로 다시 뽑으며 퇴물로 판매할 때보다 이익을 늘렸다.

즉, 산업용 장갑의 원료가 되는 실(장갑사)을 한국에서 생산하고 있었다. 그 실을 이용하여 주로 일본산인 장갑직조기계를 한 대부터 수십 대, 또는 많게는 백여 대 장만하여 면장갑을 제조하는 영세 장갑업자가 전국에 많았다. 이러한 영세 장갑업자들은 이전에는 연탄 배달하던 분부터 시작해서 장갑 기계가 신기해서 좋아하게 된 사람까지 다양했는데, 부지런하다는 공통점을 지녔다. 그럴 수밖에 없는 게 그 장갑직조기계를 24시간 주야로 계속 돌리면 돈을 벌 수 있는 구조였기 때문이다. 낮에는 직원을 시켜 기계를 돌리고, 밤에는 본인이 돌리고, 규모가 커지면 밤에는 기사를 두어 운영하는 경우도 있었다.

아무래도 찌꺼기 목화를 재활용하여 만든 장갑사가 원료다 보니, 공장 안에 면 먼지가 많고 가끔 이러한 먼지에 불이 붙기도 했다. 직조기계 돌아가는 소리도 상당해서 처음 기계를 돌리는 사람들은 (소음 때문에) 귀마개를 끼고 (먼지 때문에) 마스크를 끼고 직조기계 옆에 있게 된다.

그리고 납품을 하게 될 경우 장갑 가격이 1원 단위로 왔다 갔다 하는데, 예를 들어 켤레당 123원 하다가 125원이 될 수도 있고 121원이 될 수도 있다.

여의도에서 뺀질거리던 사람들만 보다가 돈 쓸 시간도 없고 돈 쓸 마음도 없고 열심히 일만 하는 사람들을 보니 마치 '이상한 나라의 앨리스' 동화에 나오는 완전히 다른 나라에 온 느낌이었다.

그런데 장갑사의 원료가 되는 목화의 국제시세는 변동성이 높아 우크라이나에 그해 비가 많이 와서 목화가 흉작이면 면 국제시세가 요동을 치며, 그해 면 시세가 좋으면 미국에서는 다른 농작물 키우던 곳에 면을 심는 수가 있는데 그러면 면 풍작이 되어 국제시세가 밑으로 요동친다.

섬유업종에서 바지나 티셔츠에도 면사가 들어가나 기본적으로 마진 폭이 있어, 국제면사 가격이 폭등하더라도 마진 폭만 약간 줄이면 되지만, 산업용 장갑은 1원짜리 싸움하는 곳이라 장갑사 가격이 너무 오르면 장갑제조업자는 걱정이 많아진다. 기계를 안 돌릴 수는 없고 어떻게든 원가에 맞는 싼 장갑사 실을 수입해서라도 기계를 돌려야 한다.

2006년에 척박한 한국 장갑업종에 필자 같은 특이한 커리어를 가진 사람이 돌아다니니 신기해하는 분들도 있었다. 처음에는 장갑공장 옆에 칸막이를 쳐놓은 공장사무실에서도 먼지가 많아 오래 있기 힘들었지만, 여의도와 달리 순박한 사람들이 필자보다 훨씬 유머도 많아서 좋았고, 업종에 필자 같은 커리어를 가진 사람이 없다 보니 내가 할 일이 자꾸자꾸 생겼다.

장갑 원료인 실이 부족하거나 가격이 폭등할 때는 실 뽑는 전문가와 함께 비행기를 두 번 갈아타고 파키스탄 카라치에 들어가 (바로 인근 호텔에서 폭탄 테러로 주차장이 움푹 패였던 시기에) 파키스탄 방직 공장을 뒤져 장갑사 뽑는 기술을 전수해가며 일부 라인에서 장갑사를 뽑아 한국에 가져온 적도 있다.

또 한번은 무슬림 최대 금식 기간인 라마단을 전후하여 비행기 표가 없어 싱가포르공항에서 밤을 꼬박 새우고 비행기를 겨우 갈아타고 인도네시아 수라바야에 들어가 약속한 장갑사 공급이 제대로 되지 않는 이유에 대해 대판 말싸움하고 돌아온 적도 있다.

한국의 수출품목으로는 흔히들 반도체, 자동차, 조선, 화학 등만 생각하는데 한국산 장갑도 수출한다. 하지만 한국의 중간 제조업이 급속히 줄어들고 있는 게 현실이다. 중국산 장갑 등이 국제 가격경쟁력은 있으나 원료가 되는 실이 의류 쓰레기를 탈염한 재생 실인 경우가 많아 그래도 고급사 찌꺼기로 만든 한국산 실의 품질이 그것보다 좋다. 그 덕에 유럽 및 미국 등에서 한국산 장갑에 대한 수요가 있고 '니치 마켓(메인은 아니지만 틈새 수요가 있는 시장)'을 아직도 형성하고 있다.

수출 선적을 할 경우 40피트 하이큐빅 컨테이너에 한여름에도 들어가 40도가 넘는 열기 속에 장갑 43만 켤레를 죽으라고 싣는 노가다 작업도 했고, 천생이 이런 작업 경험이 적어 한번은 수출 선적 작업을 할 때 컨테이너 고리에 신발 끈이 걸려 거꾸로 떨어져 다리를 다친 적도 있다.

만 12년을 아직도 이 직종에 몸담고 있는데, 미운 정 고운 정 다 들었지만 이 업종에도 최근 고민거리가 커졌다. 한국의 환경이 제조업을 하기 힘든 방향으로 간다고 생각하고 공장을 일찌감치 베트남으로 옮긴 사람 중 일부는 대성공했다. 반면 아직도 한국에 남아 장갑공장을 돌리는 사람들은 '지금이라도 베트남에 가야 되나' 하는 질문을 계속 던지고 있다. 그리고 일부는 지금이라도 베트남으로 공장을 옮기고, 일부는 '이 일을 언제까지 한국에서 할 수 있을까' 하며 마음속으로 고민이 많다.

필자가 몇 페이지에 걸쳐서 하는 한국 장갑업종의 이야기는 바로 '한국 제조업의 허리와 하체를 이루는 남은 사람들'의 이야기다. 최근 한국 제조업 밑바닥이 급속도로 무너지고 있는데, 코리아 경제시계는 대체 무슨 근거로 좋은 이야기를 할 수 있을까?

· 한국의 제조업이여! 어디로 가시나이까? ·

한국 제조업과 관련한 체크포인트 또한 매우 간단하다. 건재상회나 마트에서 면장갑·반코팅 장갑을 보면 '한국산'인지 아니면 '중국산' 또는 '베트남산'인지 보시라. 비닐포장 바로 뒤에 'Made in Korea', 'Made in China', 'Made in Vietnam'이라고 정확하게 각각 적혀 있다. 심심찮게 뒤에 'Made in Korea'가 적힌 제품들이 꾸준히 보이면, 한국 제조업의 최밑바닥 하체는 아직은 견디고 있다고 보면 된다.

반면 비닐 앞에는 한국말로 되어 있으나 비닐 뒤에 'Made in China', 'Made in Vietnam'이라고 적힌 장갑만이 계속 보인다면, 그나마 한국 제조업 최밑바닥을 지탱하던 곳도 흔들린다고 보면 된다.

그야말로 매우 간단하다.

돈에서 멀리 떨어지지 않는
연타 기법

필자는 순간적으로 돈을 좇은 적도 있었지만, 나름 50이 넘은 짧은 인생을 중기적으로 보면 돈만 좇지는 않았다.

대학교를 졸업하자마자 어느 회사가 월급을 많이 주는가를 한참 살펴보기도 했었다. 솔직히 고백하자면 학교 동기를 만나 나보다 연봉 2~3백만 원 더 많이 받는 이야기를 들으면 속상해 하던 철없는 시절도 있었다. 하지만 15여 년 전에 억대 연봉 마다하고, 하고 싶은 말 하러 제도권을 나오기도 했고, 12년 전부터는 한국의 척박한 장갑업종에 들어와 아직도 지키고 있는 이상, '나는 중기적으로는 돈을 좇지는 않았다'고 말할 수 있지 않겠는가.

필자가 돈이 많은 것은 아니지만 그렇다고 돈이 없는 것도 아니다. 중기적으로는 돈을 좇지 않았음에도 돈에서 멀리 떨어져 있지 않은 비법은 바로 '연타'다. 이 연타 비법을 필자가 처음부터 안 게 아니라, 나이 40대에 겨우 깨우쳤다. 그것도 비싼 수업료를 내고서 말이다.

만약 연타 비법을 30대에 깨우쳤으면 아마도 필자 재산은 지금쯤 2배가 되었을지 모르며, 20대에 깨우쳤으면 지금쯤 3배가 되었을지도 모른다. 그러나 40대에라도 깨우친 것을 감사하며 산다.

연타의 사전적 풀이를 보면 계속하여 때리거나 친다는 것인데, 투자와 관련하여서는 구체적으로 다음과 같이 변형할 수 있다.

야구 방망이를 손에 들었다고 가정하자.

① 일단은 야구할 때의 타격 자세를 갖춘다.

② 치고 싶은 마음이 생기면 공이 날아오는 걸 계속 지켜본다. (치고 싶은 마음이 없으면 날아오는 공을 계속 볼 필요는 없다. 보는 것

도 많은 에너지가 소요되니까, 안 치고 싶으면 안 보면 그만큼 에너지 축적이다.)

③ 공을 보기 시작했으면 나름 좋은 공이 오면 칠 수도 있다는 인상을 투수에게 보이되, 웬만큼 좋은 공이 아니고 무언가 하나가 자신 없으면 그 공을 치지 말고 칠 듯한 인상만으로 그친다. (일단 타석에 들어선 후 시간이 지나면 타석 인근의 사람이 눈에 보일 것이다. 그들이 궁극적으로 타자는 아니고 타자 당사자는 본인인 만큼, '저 정도 공이면 쳐도 괜찮은데' 하는 눈빛을 여러 번 보여도 자신의 의사 결정에 전혀 영향을 받지 않아야 한다.)

④ 기다림 끝에 자신 있어 보이는 공이 온다고 판단되면, 홈런을 치듯이 방망이를 크게 공을 향하여 휘두른다. (다행히 휘두른 게 1루타가 아니고 2, 3루타 이상이라는 감이 오면 죽으라고 달린다. 그리고 ⑤ 전략으로 바로 들어간다. 휘두른 게 헛스윙이다 싶으면 다시 ③으로 돌아가는 게 아니고 ①로 돌아간다. 나름 헛스윙의 원인을 생각하고 그 원인을 해결할 수 있는 시간도 필요하기 때문이다.)

⑤ 직전에 휘두른 타격이 제법 적중했다고 생각하면, 다음 공 중에서 100% 마음에는 안 차지만 조금 부족한 느낌은 있지

만 괜찮다고 싶은 공이 들어온다고 판단하면 바로 즉각적으로 방망이를 휘두른다. (그동안 타석 주변에서 구경하던 사람들이 생각하기에 '저 타자는 너무 신중하게 공을 기다리면서 보기 때문에 이 공도 괜찮지만 저 타자가 안 칠 정도의 공인데, 바로 쳤네'라고 생각할 정도로.)

⑥ 타석에 서서 공을 칠 태세는 유지하지만, 100% 확신이 안 들면 절대 방망이를 휘두르지 않는다.

자, 이상을 간단하게 정리하면 다음과 같다.

방망이를 타격 자세로 갖추고 들어오는 공을 보되, 웬만한 공에는 타격하지 말고 지루하게 관찰하고 정말 괜찮은 감이 오는 공이 들어오면 비로소 방망이를 휘두른다. 성공할 경우 100% 만족하지는 않지만 97% 만족할 수 있는 공이 들어오면 바로 방망이를 휘두른다. 두 번째 휘두른 타격이 나름 성공해도 세 번째는 첫 번째보다 더 신중하게 공을 보면서 웬만하면 공을 보기만 한다.

필자의 경우 어떠한 투자자산시장에서 약 25개월 동안 공을 지켜보고 헛스윙도 한두 번 했고 헛스윙을 하게 되면 공을 더 신중하게 보려고 필사적으로 노력했고, 26개월째 홈런을 쳤고, 바로 3개월 뒤 2루타를 친 이후 2번의 연타 성공 후 들어오는 공은 정기적으로 보는데, 5년 가까이 방망이는 아직 안 휘두른 포지션이다.

여러 금융 및 자산투자시장에서 이 연타 기법은 응용력이 높다. 특히 시기적으로 2020년이 코리아 경제 시곗바늘이 오후 3시를 가리키는 게 맞는다면, 이 연타 기법은 시기적으로도 중요한 테크닉이다.

· 방망이를 잘 안 휘두른다, 그런데 치면 연타 전략이다 ·

오전이 아니라 오후 3시라면 아직 집에 돌아갈 시간은 아니고, 대신 신중에 신중을 기해 공을 지켜보며 선별해야겠고, 이러한 기다림 끝에 이루어진 타격이 나름 적중했다면 바로 이어지는 공들을 놓치지 않고 한 번 더 방망이를 휘두르고 두 번째도 나름 선방해도, 세 번째는 거의 안 친다는 생각으로 방망이만 잡는다. 왜냐하면 자칫 저녁이 될 수 있기 때문이다.

즉, 사전적으로는 연타가 연속적으로 친다는 말이지만, 투자 기법에 있어서는 (너무 복잡하다고 생각되면) 딱 두 번만 연속적으로 친다고 생각하는 편이 낫다.

만약 첫 번째가 헛스윙으로 끝난다면 다시 원점으로 돌아간다는 느낌으로 신중에 신중을 더 기하고, 두 번 연속 타격이 나름 성공해도 세 번째는 사실상 안 친다. 왜냐하면 한국과 같이 인터넷 브라우징에 실시간 검색어로 요란한 곳은 검색어 순위에는 안 올라도 구경꾼에 의해 '두 번 연타가 홈런에 가까울 경우' 그 성공이 입소문을 타기 쉽고, 세 번째 치려는 때가 되면 치려는 사람들이 아마도 2배는 더 늘었을 테니 말이다.

연타 전략에서 중요한 것은 자제력과 일관성이다.

PART
5

역설
전략

경계 영역을
넓히다

살아가면서 우리는 많은 곳에서 경계를 찾으며 이분법적 분류를 한다. 이럴 경우 말하기는 편하다.

· 이분법적 경계는 흑백논리에 의한 불필요한 대치를 부른다 ·

예를 들어, 자연에서는 '지구가 바다가 아니면 육지'다. 작은 섬은 작은 육지로 보면 되니까, 바다가 끝나는 지점은 육지다. 그런데 바다가 큰 강과 만나서 큰 강을 따라 육지 안으로 들어가다 보니 호수가 있다고 하자. 큰 강과 호수는 '바다'인가, 아니면 '육지'인가?

혹자는 '지구가 바다와 육지로 구분된다'는 명제 차원에서는 큰 강과 호수를 육지로 분류해야 한다고 주장할 수 있다. 반대편에서는 '호수'나 '큰 강'은 염도 차이 외에는 '바다'와 같은 H_2O(일산화이수소) 성분이니 '바다'로 분류해야 한다고 주장할 수 있다.

자연이 아니라 사회로 눈을 돌려 경계를 찾는 이분법적 분류는 의외로 많다. 미국의 경우 민주당과 공화당이, 영국의 경우 보수당과 노동당이 그 예다. 일본도 자민당 및 민주당에 의해 양당제와 유사한 체제로 성립되고 있다. 이런 나라에서는 일상적인 대화 속에서 어느 당을 지지하냐는 물음도 자주 나타난다.

"Are you a Democrat or Republican?"

우리말로 직역하면 '당신은 민주당원입니까, 아니면 공화당원입니까?'이지만 군이 그 정당에 가입한 것은 아닐 수 있으므로 '당신은 민주당을 지지합니까, 아니면 공화당을 지지합니까?'의 의미로 받아들일 수 있다. 위와 같은 분류는 좋은 점도 있지만, 흑백사고 논리의 오류 위험도 내포한다.

예를 들어, 어떤 정책에서는 민주당이 마음에 들고 다른 정책에서는 공화당이 마음에 들 경우, 미국 사회에서는 어떻게 답해야 하는가?

필자의 생각으로는 설상 마음속에는 그러한 상태더라도 가족이나 가까운 친구일 경우 그걸 일일이 설명하겠지만, 잘 모르는 사람에게는 '하나를 집어 답할 가능성'이 미국 사회에서는 높을 것 같다. 상대방에게 내가 미국 주류 사회에 소속되었다는 걸 보여주기 위해서거나 적어도 의식은 미국 주류 사회에 동조한다는 걸 나타내기 위해서다.

반면 다당제 시스템의 국가도 많다. 3개 이상의 정당이 실질적으로 그리고 의미 있게 존재하는 게 다당제다.

프랑스의 경우 정치 체제는 다당제이며, 연정을 통해 정권을 잡기도 했다. 그런데 프랑스혁명도 일으킨 나라라서 그런지 2017년 6월 총선에서는 다당제 내에서도 기존 좌우 정당인 사회당과 공화당이 몰락하고 마크롱 신당이 70% 싹쓸이하는 이변이 나타나기도 한다.

투자의 세계로 들어와서 경계를 찾으면 처음에는 마치 이분법적 세계처럼 보이기 쉽다. 주식시장 시세판을 보면 가격이 올라가면 빨간색이고 가격이 내려가면 파란색이다. 가끔 보합도 있지만 이미 눈동자에는 빨강 아니면 파랑만 보이게 된다.

주문도 '사자(Buy)' 아니면 '팔자(Sell)'다. 각각의 시장참여자들은 나름의 판단 기준을 가지고 그 해당 대상을 관찰하면서 각자가 생각하거나 느끼는 역치를 넘으면 의사 결정을 실행에 옮기며 '사자' 아니면 '팔자' 주문을 넣는다.

반응 그 밖의 현상을 일으키기 위해 가하지 않으면 안 되는 최소의 에너지 값을 나타내는 역치는 물리학 영역에서는 공통된 수치를 뽑을 수 있겠지만, 생체에 흥분을 일으키는 데 필요한 최소한도의 자극의 세기를 나타내는 값으로 보는 생리학에서는 그 수치가 다양해진다.

사람에 따라 간지럼을 느끼는 최소한도의 자극 세기 역치는 다양하여 어떤 이는 조금만 간지럼을 피워도 못 참는 반면, 어떤 이는 제법 많이 간지럼을 피워도 잘 참는다.

투자의 세계는 '물리학에서 보이는 역치 세계'보다는 '생물학이나 생리학에서 보이는 역치 세계'에 더 가깝다. 따라서 코리아 경제시계 시각을 볼 때는, 경계를 찾을 때 흑백논리가 아니라 '3분법적 시각'이 유리하다.

각 투자 주체가 행동으로 이어지는 역치 수준이 획일적이지 않고 다양하며 범위가 생각보다 넓기 때문이다. 도표로 표현하면 다음과 같다.

· **3가지 투자 의사 결정 영역** ·

사자(Buy) 영역	다양한 역치(Threshold) 영역	팔자(Sell) 영역

이 중간 영역을 한마디로 명쾌하게 부를 용어가 사회적으로 약속되어 있지 않은 것 같다. 워낙 사회가 이분법적 분류에만 몰두하다 보니 그런 게 아닌가 싶다. 그래서 그 중간 영역을 다양하

게 표현할 수 있다.

다양한 역치(Threshold) 영역

= 관망 영역

영어로는 울타리에 앉은 사람 'fence-sitter' 영역인데, 혹시 양다리 걸친 사람으로 잘못 인식할까 봐 영어로는 'waiting' 영역이라고 칭한다.

= 잘 모르는 영역

일종의 무(無) 포지션 영역인 셈이다.

코리아 집단 의사 결정 행태를 살펴보면, 'A'라고 주장하는 사람이나 'B'라고 주장하는 사람 중에서만 선택하고 'A일 수도 있어 보이고 B일 수도 있어 보여, 잘 모르겠다'는 사람은 가끔 완전 무시당하곤 한다. 한참의 시간이 지나고 돌이켜보면 정답은 'A일 수도 있고 B일 수도 있었다'가 되는데, 이미 대중은 상당한 시간이 지난 건에 관해서는 관심이 없다.

앞의 도표를 다시 다른 방식으로 표현해보자.

· 3가지 투자 의사 결정의 다른 표현 ·

사자(Buy) 영역	사자(Buy) 영역일 수도 있고 팔자(Sell) 영역일 수도 있는 곳 그래서 관망(Waiting)이 결과적으로 유리한 영역	팔자(Sell) 영역

일상생활 속에서 어떤 사람이 나보다 이 분야에서는 더 많이 아는 게 확실한 거 같아서 그 의견을 물어보았는데 의외로 '잘 모르겠다'는 대답을 한 번쯤 들었을 수 있다. 그때는 질문한 자신이 겸연쩍어 속으로 '이 사람 뭐야'라는 생각이 절로 들게 된다. 하지만 그 사람은 나름대로 진실을 말해준 사람일 가능성이 높다.

경제 흐름에서의 경계 영역의 범위는 예상외로 넓다. 2019년과 2020년 상반기까지는 일종의 경계 영역 범위일 가능성이 높다.

· 경계 영역 범위를 고려한 영역 구별 ·

한국의 정치 환경과 집단 의사 결정 불확실성이 높아 딱 짚어 말하기는 위험하나, 경계 영역 범위라는 가정하에서 필자가 주장하는 변수를 체크하며 지켜보자는 말이다. 3가지 변수들의 반전이 기적적으로 나타날지, 아니면 지속할지 여부를 체크하고 움직여도 기회는 온다.

믿음의
이중 역설

믿음은 종교의 영역 안에서 거론되기보다는, 경제에서도 거론되어야 할 단어라고 생각한다. 종교에서 말하는 믿음은 확고함을 강요하는 경향이 있는 반면, 경제에서의 믿음은 '신뢰'라는 말에 담기에는 무언가 부족한 것을 말하고 싶을 때 사용하는 단어로 이야기하고 싶다.

경제에서의 믿음은 일종의 '도박'과 관련하여 이해되기 쉽다. 광범위한 불확실성과 변동성 그리고 복잡성이 내포된 경제에서 믿음을 거론하는 것은 그만큼 이러한 불확실성과 변동성 및 복잡성을 자칫 고려하지 않겠다는 말로 들리기 쉽고, 일종의 도박이나 마찬가지이기 때문이다. 그런데 필자는 이러한 '믿음의 역설'이 오히려 한국 경제에 절실히 필요하다고 느낀다.

제조업을 영위하는 중소기업 사장들을 만나보면 최근에 부정적으로 변화된 제조업 환경에 놀라 있는 상태라, 앞으로의 전망이나 미래 환경 변화 가능성에 대해 아무런 믿음이 없다고 느껴진다. 그럴 만도 하다. 제품을 만드는 원가는 빠른 속도로 올라가는데, 물건을 납품하거나 파는 가격에 그 원가 상승분을 전가하기도 쉽지 않고, 판매 수량은 늘 생각은 없고 예상외로 줄어드는 위험이 지루하게 현실화되고 있는 상황이 전개되기 때문이다.

· 미니맥스 게임 이론: 손실을 최소화하는 의사 결정 방법 ·

3시 코리아

경영학에서 의사 결정 기준 중에서 미니맥스(Mini-max) 게임 이론이 있다. 예상되는 최대의 손실을 최소화하기 위한 의사 결정 기법인데, 쉽게 말해 최악의 경우 발생 가능한 손실(최대 손실)을 최소화하는 쪽으로 우선 의사 결정한다.

즉, 공무원과 같이 제조업 관련 연쇄 고리가 멀리 있는 직종이 아니고, 제조업과 직결되거나 간접적이라도 연쇄 고리 가까이 있는 업종에 있다면 일단 시장에서 살아남는 게 관건이니 만큼, 최악의 경우 발생할 수 있는 최대 손실을 최소화하는 방향으로 일단은 움직인다. (주식 매매 트레이딩에서는 자신의 포지션의 평균적인 시장변동성을 고려하여 '최대 역행 폭'을 최소화하는 전략이다.) 그러고 나서는 기다림과 관망 전략 속에서 '믿음의 역설'을 실물경제에서 생각해보자.

기축통화국 미국의 달러는 이미 금태환을 포기 선언한 지 오래되고 미국 조폐국에서 인쇄된 종이로 전락한 지 오래다. 그리고 9.11 테러 이후 '양적 완화' 정책으로 인쇄되는 수량도 늘었었다. 그런데도 세계 경제가 불안할수록 그래도 믿을 것은 미국 달러라는 믿음이 지속되며, 기축통화로서의 지위는 여전하다.

미국 통화의 문제가 아니라 한국의 실물 제조업으로 이야기를 돌리면, 최저임금의 급격한 상승 속에 원가 상승분을 판매가격에 전가하지 못한 데다 판매부진마저 겹쳐 제조업 수익성이 급속도로 악화된 것은 사실이다. 결국에는 제조업이 무너진 상태에서 공무원만 잘살 수만 없고, 또한 제조업 하체가 부실한 상태에서 다른 상체 업종이 건재하기 힘든 사실이 뒤늦게나마 사회적 공감대를 이루어 제조업과 관련한 정치 및 정책 변수가 변화될 수 있다는 '믿음의 이중 역설' 가능성을 지루하게나마 기다리며 점검해야 하지 않을까?

필요악과 같이 가는
현실 삶

좋은 것은 아닌 듯하나 현실적 상황에서 어쩔 수 없이 요구되는 악을 필요악이라 한다. 그런데 선악의 판단 여부가 세계 공통으로 획일적인 게 아니고 어떤 경우는 국가마다 다르다.

생활에서 사례를 들면, 이슬람국가 중에서도 신앙심이 깊은 파키스탄에서는 '술'이 '악'으로 분류되며, 상대적으로 신앙심이 얕다고 해석할 수 있는 인도네시아에서는 '필요악'으로 분류된 듯하다.

필자가 사업상 파키스탄의 한 호텔에서 2주간 머물렀을 때 이야기다. (오사마 빈 라덴이 사살되기 전이다.) 파키스탄인도 이용하지만 서양인도 이용하는 호텔인데, 호텔에서 술을 안 판다. 오렌지 주스만 마시는 것도 며칠 지나면 이골이 나게 되며, 필자와 한국에서 동행한 방직기술자는 '호텔에 있는데 감옥에 있는 느낌'이라고 말한다. 술도 안 팔 뿐만 아니라 호텔 문 앞에는 폭탄 자살 테러를 대비하여 실탄을 장전한 경비들이 번갈아 지키고 있으니 그 말이 과장도 아닌 셈이다.

호텔 로비 리셉션 직원이 일하는 곳에는 저녁부터는 남자들만 있고, 낮에는 남자와 더불어 여자도 있다. 그런데 리셉션에 있는 호텔 여직원은 바지를 입은 것까지는 이해가 되는데, 신발은 서양식 힐 구두가 아니고 군화와 비슷한 것을 신었다. 그래도 서양인이 이용하는 호텔이라 히잡은 안 둘러 머리카락이 보인다는 점에서 안도해야 할 상황이었다.

시간이 지나 한국으로 돌아갈 시간이 다가오자, 파키스탄 방직공장 사장이 집으로 식사하러 오라고 초대를 했다. 사장은 부자들이 모여 사는 단독 촌에 살고 있었는데, 그 단독 앞에는 실탄이 든 소총을 멘 사설경비가 버티고 있고, 대문을 지나 집 안으로 들어가면 응접실이 (대리석이 많이 나오는 파키스탄이라) 바닥은 물론이고 천장까지 온통 휘황찬란한 대리석으로 되어 있었다. 아들은 불러 소개해주는데 사장의 부인과 딸은 소개를 안해주고 얼굴도 보여주지 않았다. 그리고 응접실로 음식을 날라주는 사람은 남자였다. 아마도 부엌에서는 여성이 음식을 만들었을 테다. 우리는 여성은 한 명도 못 보고 그 사장 집을 나왔다. 일부다처제 회교국가라는 점을 감안하면 그 집에 사는 여성이 남성보다 많을 가능성이 큰데, 남자와 대리석만 보고 왔다.

파키스탄 사람들도 우리와 똑같은 사람인데, 어떻게 스트레스를 관리하며 사는 걸까?

이러한 질문에 나름 답을 얻었다.

술을 안 파는 호텔이라 방에 들어가 TV를 열심히 보는 게 유일한 오락인데, 파키스탄인데도 정치적으로 적대국인 인도TV에는 웬만한 채널이 다 나온다. 인도TV에는 한국 공중파TV보다 야한 게 많이 나온다. 곧 알게 되었는데, 파키스탄 부자들은 집에서 열심히 인도TV를 본다고 한다. 자국TV에는 히잡 두른 여성들만 제한적으로 보여주는 경우 많은데, 인도TV에는 출연 여성들이 허리선이 노출된 옷을 입고 춤을 추는 장면이 나온다.

아마도 파키스탄 여성들도 '집 밖에서는 히잡으로, 집 안에서는 외부 손님이 와도 숨어 있는 스트레스를, 인도TV에 나오는, 한때 같은 나라였던 여성들의 자유분방함을 시청하면서 풀고 있을지 모른다.

인도, 파키스탄, 방글라데시는 원래 한 나라였다. 2차 세계대전 종료 후 2년이 지난 1947년에 손꼽아 기다리던 독립을 했으나 인도국민회의와 이슬람동맹이 각각 자기들의 나라를 세우려 했고 결국 힌두교를 믿는 인도와 이슬람교를 믿는 파키스탄으로 나뉘어 독립한다. 그 이후도 수차례 피의 혈전이 있었다. 그런데 파키스탄 경제인들의 삶을 한 꺼풀만 벗기면, 예전에 한 나라였던 인도의 TV 프로그램을 보면서 나름 일상의 스트레스를 풀고 있는 것이다.

· 필요악의 체험 ·

그러면 경제적으로 파키스탄에 있어 인도TV는 필요악인가?

한국 정부는 부동산을 필요악처럼 취급하는데, 최근 그 경향이 더 심해졌다. 부동산 세제 강화는 귀 따갑게 들린다. 어차피 우리 경제가 벤치마크 대상으로 추구해야 할 대상은 '미국'이다. 미국 정부도 한국 정부처럼 부동산을 필요악으로 취급하는가? 주식시장이나 부동산시장이나 다 똑같은 '경제 자산시장'이다. 똑같은 대우를 해주어야 한다.

정작 부동산시장 과열 등의 책임은 한국 정책 당국에 있는데, '잘못했습니다' 말은 입 방긋 안 하고 모든 책임을 내가 아닌 다른 사람인 듯 전가하며 뻔뻔하게 '세금 인상'을 이야기한다.

미국의 경우 주식 매매차익이 보유기간 1년 이내 주식에서 발생할 경우 미혼자, 기혼자 등의 범위에 따라 약간의 차이가 있지만, 10%에서 37%에 달하는 주식매매차익 세율이 부과된다. 1년 이상 보유한 주식이면 최소 15%, 최대 20%의 매매차익 세율이 부과된다.

한국의 정치인이 가끔씩 부동산세율 인상을 위한 논리를 미국과 비교해서 주장하는데, 정작 평균적으로 20% 넘는 단기 주식매매차익 미국 과세율은 언급도 없고, 한국 주식매매차익은 일부 소수 주주 외에는 전무한 현실도 지적하지 않고, 한쪽 어디 구석의 이야기만 인용한다.

즉, 미국처럼 주식시장의 매매이익에 대해서도 완전 과세하지도 않고 사실상 대주주를 제외하고는 비과세 상태로 해놓고, 부동산시장의 세금이 주식시장보다 이미 비정상적으로 많은 상태인데, 더 비정상적으로 부동산시장만 '필요악' 논리로 접근한다.

이미 주식시장의 비과세보다 부동산시장의 과세가 기형적으로 많은데도 불구하고, 오죽하면 경제참여자들이 세금을 줄줄 내면서까지 부동산시장에 왔겠는가? 부동산과 주식 세율을 비슷하게 맞추어 놓고 하나를 억압하든지 하는 게 아니라, 억압하든 놈은 더 억압하고, 방임하고 있는 놈은 계속 방임하는 게, 한국 정치인의 비균형적인 정치 센스다.

한국 정책 당국의 기업정책이 시장논리를 추구하지 않고 비시장논리로 황폐화시키고 있어, 주식시장이 사실상 비과세임에도 불구하고 부동산시장보다 불확실성이 많아 보여 온 것이다.

경제적 관점에서 보면 필요악 거론하는 정치인들에게는 '너나 잘 하시오'라고 말해주고 싶다.

파키스탄에서 인도TV를 시청하지 못하게 모두 봉쇄한다면 필자가 묵었던 호텔은 감옥과 별 차이 없다는 주장이 맞을지 모른다. 그리고 한국 정책 당국자는 이 사실을 똑똑히 알아야 한다.

'부동산시장이 무너지면 주식시장도 같이 무너진다는 사실을!'

'세금은 해결책이 못되며, 시장논리를 추구해서 정책집행을 하면, 저절로 해결된다'는 점을.

정치권을 중심으로 한 사회에서 악처럼 대우하더라도, 자산시장 배분 및 접근 전략에 있어 투자자 입장에서는 필요악과 같이 가는 현실 삶이 필요하다.

PART
6

소비
전략

투자보다
소비 전략 우선

재테크 전략을 떠올리면 대부분 주식·부동산·기타 자산 등의 투자만을 생각하기 쉽다. 현금 흐름 창출 가능성 측면에서는 맞는 말이다. 한국의 경제가 성장 국면일 때 각종 자산 투자도 덩달아 현명한 투자 전략을 선택하고 실행한다면 짭짤한 수익을 각 시장에서 창출할 수 있다. 그런데 한국의 경제가 답보 상태이거나 후퇴 조짐이 있다면, 이러한 일반적인 재테크 투자수익률은 나름 현명하게 운영해도 한계수익률의 눈높이를 상당히 낮추어야 유리하다.

여기서 말하는 한계는 영어의 'Limit'가 아니라 'Marginal' 개

넘이다. Marginal은 수학에서의 미분을 경제에 적용한 용어인데, 이야기가 복잡해질 수 있어 거두절미하고 한국말로 '가장자리 가의'로 이해하면 명쾌해진다. 쉽게 말하면 '먹을 게 많지 않다'고 요약할 수 있다. 조금 과장해서 말하면 '떼돈 벌던 시대'가 아니라 '푼돈 벌어야 하는 시대'인 셈이다. 물론 나가는 돈이 있으니 푼돈도 열심히 벌어야 하고 이러한 탐색과정과 실천과정 또한 중요하다. 이와 동시에 '나가는 돈'을 현명하게 나가게 하는 소비 전략의 중요성이 더 커졌다고 해석된다.

· 소비 전략의 중요성이 더 부각되는 시기 ·

한국 사람이 일반적으로 어디에 돈을 사용하는지 살펴보자. 주거비와 식비, 교통비 및 차량유지비, 의복 및 신발 구입비, 전기

세 등의 공과금과 세금, 외식 및 사교비, 미용비, 통신비, 종교기
부금, 문화생활비, 의료비 등 다양한 곳에 쓴다.

이 중에는 매달 비중이 비슷하게 나가는 항목도 있고, 즉흥
적이고 감정적인 소비가 나타나 순간적으로 급증했다가 줄어드
는 항목도 있겠다. 스트레스를 받는 경우 이를 해소하는 차원에
서라도 감정적인 소비 패턴이 순간 표출될 수 있으므로 즉흥적
인 소비가 나타나더라도 나쁘다고 말할 수도 없는 게 우리 삶이다.

가끔 좋은 것도 먹어줘야 우리 신체도 건강하고, 좋은 옷도
간간이 입어줘야 사회관계도 유용하고, 좋은 데 여행도 해주어
야 정신 건강에 도움이 된다.

그렇다면 필자가 말하는 소비 전략은 무엇을 의미하는 걸까?
바로 교육비의 지혜로운 집행이다. 교육비 비중은 각종 소비지출
통계를 보아도 '3대 소비항목' 중의 하나인데, 소비 비중이 가장
많은 상위 3항목은 음식료 등 식비, 주거비, 교육비다. 그중 교육
비는 통계수치로 잡히지 않는 관련 항목이 많아 각종 통계수치
가 보여주는 것보다 소비 비중이 더 많은 경우가 허다하다.

필자는 '강남구 도곡동'에서 10여 년 거주한 바 있다. 강원도에서 변호사를 하는데 자녀 교육 때문에 부인과 자녀들은 도곡동에서 전세로 살며 주말부부 생활을 하는 아빠가 있었다. 이경우 실질적인 자녀 교육비는 공식 통계치보다 훨씬 많은데, 통계치는 실제 학비 및 학원 수업료, 자녀 책값 등만 잡는다.

자녀 교육 때문에 어떤 지역으로 임시 거주한다면, 이 경우의 거주비는 거주비인가, 교육비인가?

주말부부 생활한다고 주말마다 강원도와 서울을 왕복한다면, 차량유지비 및 교통비 항목인가, 아니면 교육비인가?

초등학교 저학년에 다니는 자녀가 방과 후 같은 반 부모 중에 끼리끼리 한 그룹을 이루는 반 친구들을 어느 외식 체인점에 초대하여 생일파티를 했다면 외식비인가, 아니면 교육비인가?

결혼하기 전에 한 번 다녀온 동남아시아 모 도시를 또 가보는 것은 내키지 않는데, 자녀의 반 친구 몇몇이 방학 때 외국에 갔다 온 이야기를 듣고 내 자녀가 기가 죽을까 봐 모 도시를 다시 다녀왔다면 여행문화비인가, 아니면 교육비인가?

• 교육비 항목이 아닌데 실제적으로는 교육비인 항목의 증가 •

바로 위 질문 4가지 모두 각종 공식 통계치는 전자 항목으로 분류하겠지만, 실질적인 목적을 고려한 관점에서는 모두 교육비 카테고리 속에 속한 셈이다. 그만큼 재테크 측면에서 소비 전략을 살핀다면, 교육비의 현명한 지출이야말로 핫이슈가 될 것이다.

이 책을 읽는 독자 중에는 미혼자도 있고 기혼자도 있을 테니, 바로 다음 장에서는 미혼자 교육 소비 전략을 거론하고, 이어서 기혼자 교육 소비 전략을 이야기하고자 한다.

휴학 시절, 사회 직행

세상을 살다 보면, 안 할 수는 없는데 해도 재미없는 일을 만나게 된다. 현시점에서 대표적인 사례가 '대학 입학'이다. 과거에는 꼭 그렇지만은 않았다. 그래서 이와 관련한 의사 결정 혼동이 발생한다.

과거에는 나름 재미있었는데, 왜 현재에는 재미없을까? 해답은 명쾌하다. 과거에는 30%만이 대학에 갈 수 있었는데, 지금은 돈만 있으면 사실상 100% 대학에 갈 수 있기 때문이다.

군대 조직이나 민간 사기업 조직은 피라미드 형태가 가장 일반적이고, 역사도 오래되었고 전형적이다. 예를 들어, 육군의 우두머리는 1명이 좋지, 2명이면 자칫 싸움 나기가 쉽다. 민간 조직에서는 우두머리가 2명 이상인 경우가 있다. 공동대표 또는 공동경영인데, 그 이면을 보면 생산과 마케팅 각각 영역을 나눈다든지 아니면 둘이 협의해서 결정하는데 주식지분을 살펴보면 50대 50으로 비슷한 경우라 '돈을 투자한 입장'에서 책임경영을 하기 위한 협의 성격일 가능성이 크다.

설사 민간 사기업에서 사장이 2명이라도 이사는 그보다 많은 5명, 부장은 10명, 과장은 20명, 대리는 40명, 사원은 80명 식으로, 실무 말단으로 갈수록 그 수가 증가하는 피라미드 조직인 경우가 많다.

그러면 '누가 실무를 보고, 누가 중간관리자가 되고, 누가 최종관리자가 되는가'라는 질문이 나오고 해당 실무경험과 지혜가 무엇보다 중요하겠지만, 간접적으로 대학에서 배운 교육이 향후 잠재적인 중간관리층을 구하는 차원에서 한국 기업은 대부분 대학 졸업자를 구인했다.

말이 되는 게, 과거에는 10명 중 3명만 대학에 진학했기 때문

이다. 당시 7명은 '3명이 실무경험의 지혜가 자세히 보니 실망'이
더라도, 나름대로 그 사람의 대학 졸업장을 떠올리며 리더십을
따랐을 것이다. 결국 이러한 '희소성'의 혜택을 보고 그 당시 대
학 졸업한 사람은 재미를 좀 본 셈이다.

그런데 1990년대 후반 대학 설립 허가를 남발하여 대학 정원
수가 급증하여, 10명 중 8명 이상이 대학에 진학하게 된다. '희소
성'이 '범람'으로 변했고, 너도나도 대학 졸업자인데, 대부분 피라
미드 구조 조직을 한 기업은 대학 졸업 여부가 향후 잠재적인
중간관리층을 키우는 데 아무런 지표가 되지 않음을 바로 깨
닫는다.

그러자 대학 졸업자 내에 나름대로 일반적으로 통용되는 순
위가 있으니 이게 취업에 도움이 되지 않겠나 하는 검증되지 않
은 막연한 기대로 한때 전국이 '편입학' 열풍이 광풍처럼 생긴
적이 있었다.

대학 교육의 질을 향상하지 않고 창의성 개발에 관한 방향
없이, 대학 수와 정원만 급증시킨 상황에서 대학 사이의 서열화
도 기업의 이익창출에 의미가 없고, 편입학한 경우 이전에 다녔

던 학교에 대한 애착이 약하고 개인 포장력은 강하기 쉬워, 성실성과 끈기 그리고 회사에 대한 애착심을 중요하게 여길 수밖에 없는 리크루터(recruiter) 입장에서는 플러스 요인이 되지 못했다.

그리고 한국 경제성장률이 세계 경제성장률을 하회하는 시점부터는 소위 SKY대학 졸업자들의 취업률은 평균을 오히려 하회하고 있는 데다 기업도 대학은 이제 중요한 고려요인이 아니고 실무 도전능력 위주로 매우 제한적으로 충원하고 있다. 기업 자체도 미래 전망이 밝지 않기 때문이다.

많은 대학 재학생의 고민거리를 보면 졸업해도 취업이 안 된다는 인식은 하고 있으면서도 그 해결방법을 모순적으로 찾고 있다. 즉, '휴학'이라는 카드를 자주 사용하고 있다.

· 휴학 의사 비중 ·

휴학 생각.

있다 vs 없다

86%

14%

* 출처: 중대신문사

물론 각종 시험 준비 등 나름의 이유도 있겠지만, 큰 흐름을 본다면 필자는 대학에 입학했다면 군 입대 등 불가피한 휴학 외에는 바로 졸업하는 방향을 제안한다. 리크루터가 원하는 방향이기 때문이다. 졸업 후 취업이 안 되더라도, 차선과 차차선의 일을 조금이라도 경험하는 시도가 효과적이다.

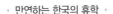

· 만연하는 한국의 휴학 ·

지금 당신이 한 기업의 사장이라고 입장을 바꾸어 한번 생각해보자. 기업 경영 환경도 예전과 달리 불투명하고 열이면 일곱 이상이 대학을 졸업하는 상황에서 조직에 빈자리가 하나 생겼다면, 군 입대 등 불가피한 상황이 아닌데 휴학했던 사람과 바로

졸업하고 험한 일이라도 사회에서 해보려는 사람 중에 누구를 뽑을 것인가?

혹자는 이렇게 반박할 것이다.

"휴학하고 어학연수 갔다 오면 이력서에 한 줄 더 들어가고, 가산요인으로 작용하지 않을까요?"

경우에 따라서는 가산요인일 수도 있는데, 그렇지 않은 경우가 더 많다고 필자는 감히 말한다. 한국 노동시장의 구조적 불균형은 한참 도를 넘은 수준이다. 공무원이 되면 사실상 종신제이고, 노조의 정치적 영향력이 매우 높아져 기업 입장에서는 신규 인력 채용으로 인해 기대되는 이익 증가 효과는 미비한데, 비용 증가 효과는 뚜렷하게 급증하여 고공행진을 하고 있어, 사실상 신규 창출 시장이 민간 부분에서 마비되어 있다.

민간 부문에서 소위 고임금을 받는 자동차 완성차 기업 등의 경우 신규 채용 시 기존 노조의 눈치와 입김이 현실적으로 작용하는 곳이 심심찮고, 대기업의 경우 결원 충원 수준의 매우 제한적인 신규 채용이 이루어지고 있다. 이러한 현상은 심화되면 심화되지, 개선 가능성이 희박하므로 이러한 사실이 졸업을 연기하는 이유로는 설득력이 없다. 즉, 휴학한다고 이러한 곳의 취업 가능성이 높아지지 않는다.

공무원이나 각종 자격시험 등을 이유로 휴학하는 경우도 많은데, 어차피 졸업할 생각이 있으면 휴학 없이 졸업으로 직결하여 눈높이를 낮추어 경제 야전 필드 경험을 일찍 하는 쪽이 낫다.

기업은 일반적인 학생들이 생각하는 만큼 자격증만으로도 먹고살 수 있는 변호사, 회계사, 세무사 등의 제한적인 자격증 외의 세세한 자격증에는 관심도 낮다. 기업 입장에는 새로 뽑는 신입사원이 '실무에 얼마나 애착을 갖고 열심히 할 생각이 있느냐'와 '회사에 대한 애사심이 얼마나 있느냐' 등 '성실성'에 지대하게 관심이 높다. 그리고 휴학하여 졸업을 끌었을 경우 '이력서상의 나열을 더 많이 할 수는 있어 '자기 애착도'는 높은 것 같은데, 실무 경제가 이루어지는 논리인 '회사 및 회사의 고객 애착도'는 낮을 수 있다고 해석하는 경우가 많다. 지금은 '책상에 앉아 돈 벌 수 있는 시대'가 아님을 먼저 상기해보자.

• 힘든 인턴십을 한다는 각오로 휴학 없이 사회 직결이 유리하다 •

아주 큰 기업 조직이 아니라면 경리 한 사람만 책상에 앉아 있고, 사장을 비롯한 대부분은 계속 책상에 앉아 있지 않은 경우가 대부분이다. 책상에 앉아 돈 벌 수 있는 때는 벌써 한참 전에 지났기 때문이다. 중형 기업의 조직이라도 과거보다 책상에 가만히 앉아 근무하는 직원의 비율은 지속적으로 감소하는 추세다. 과거에 몇 명 또는 수십 명이 책상에 앉아서 할 일을 지금은 한두 명이 다한다. 과거 수많은 전표는 조직 내에 돌아다녔는데 이제 편리해진 회계 프로그램으로 한 명이 다 처리할 수 있고, 결제판도 없어진 지 오래며, 세금계산서는 전자발행으로 바뀌었고, 외상 매출입 관리도 대부분 프로그램화되어 있다. 이제

책상 위에서 기존 상태의 관리는 이미 압축적으로 되고 있고, 기업의 생존이나 경쟁은 책상이 아닌 필드로 옮겨가는 추세다.

부모의 입장이든, 아니면 당사자의 입장이든, 지금은 안이하게 책상에서 돈이 생기는 시대가 아니라는 점을 감안하여 자녀의 교육 방향이나 본인의 근무 방향의 시야를 케이스 스터디(사례 연구) 및 실전 응용력을 높이는 쪽으로 향해보자.

자녀 영어 교육은
적당히

필자는 대구 출생이다. 19살 때부터 서울 생활을 시작했고 한때 방송 활동도 했으나 사투리를 쓴다. 한국말만 사투리를 쓰는 게 아니라 영어도 경상도 사투리 톤으로 말해 영어 발음이 안 좋다.

군 생활 27개월을 미군 부대에서 카투사로 근무했는데 미군과 말싸움할 때는 영어로 욕도 섞어가며 말해서 그런지 미군이 알아듣는데, 좋은 말로 이야기하면 미군이 필자가 말하는 영어를 잘 못 알아들었다.

90년 중후반, MBA 취득 열풍이 불기 바로 직전에 졸업하여 어떤 회사 '국제금융부'에 배치 받았는데, 팔자는 주문을 사자로 거꾸로 주문하면 회사 상사에게 경위서를 작성해야 해서, 점심을 5분 만에 먹고 옆의 영어학원에서 50분간 영어수업을 받고 저녁에는 퇴근 후에 집에 가서 열심히 블룸버그 방송도 들었다. 알아듣는 말보다 못 알아듣는 말이 2배, 어떤 경우는 4배도 넘었다.

여의도 애널리스트로 생활할 때는 영어를 별로 쓸 기회가 없어서 그나마 짧은 영어 실력이 급속히 쇠퇴하였다. 후에 장갑업종에 있다 보니 무역업무를 많이 하게 되었는데, 무역용어 수십 개와 짧은 이메일 서너 개 작성에 숙달하니 매우 한정적으로 영어를 사용하면서도 업무에 전혀 지장을 받지 않았다. 그리고 각종 원료를 구입하러 인도네시아, 베트남, 파키스탄, 홍콩, 방콕에 출장을 가도 상대방이 백인이 아니고 화교 관련 아시아인이거나 현지 아시아인이라 대부분 영어가 모국어가 아니고, 짧은 표현 몇 개와 얼굴표정 등으로 의사소통을 하므로 영어를 못한다고 해도 아무런 무리가 없었다. 짧고 더듬거리는 영어로도 할 말 다 했고, 상대방도 매한가지였지만 서로 의사소통이 가능했다.

딱 한 번 그렇지 못한 경우가 있었다. 인도네시아 모 공장을 방문했을 때 그 회사에 네덜란드 혼혈인 사무직원 여성이 (인도네시아가 예전에 네덜란드 식민지였던 적이 있어 네덜란드 혼혈 후손들이 있다.) 할아버지 대가 백인이라서 그런지 영어를 샬라샬라 하는데 필자가 잘 못 알아들었다. 그런데 인도네시아 기업도 경제적으로 화교들이 다 잡고 있는 터라 사장은 화교였다. 네덜란드 혼혈인 그 직원의 말을 못 알아들었어도 비즈니스에 아무런 문제가 없었다는 말이다. 어차피 의사 결정 권한이 없는 사무직원의 영어 실력 뽐내기 성격이 있었으므로, 중요한 말은 화교 사장과 해야 했고 화교 사장의 영어 실력은 필자보다 약간 나은 수준이라 둘 사이에 비즈니스 대화를 무리 없이 마쳤다.

· 영어 공부 적당히, 무리하지 않기 ·

필자의 사례를 통해 전하고자 하는 메시지는 자녀의 영어 공부를 적당하게 시키라는 말이다.

영어 사용 환경이 급변했다. 과거에는 세계 부가 백인 위주로 편성되었으나 시대가 이제는 '아시아가 새로운 부자'다. 백인은 우리가 생각하는 것보다 이러한 사실을 더 잘 알고 있고, 우리가 해외여행을 가면 백인들은 물주 대하듯이 아시아인에게 적극적이며 짧은 엉터리 영어도 인내를 갖고 들어주는 경우가 많다.

IBM이나 구글의 한국법인에 근무하지 않는 이상, 설사 대기업에서 근무한다 하더라도 실질적인 우리 영어 사용 대상자는 백인일 가능성은 매우 희박하며 아시아인일 가능성이 크다. 그리고 영어를 잘하느냐보다는 그 업무에 해박하고 책임감 있게 일하느냐가 업무 및 부서 배치 기준이 되며, 그 이후 불가피하게 사용하는 영어는 그 업무 영역에 있어서는 회사의 대리권을 받은 상태이므로, 거래 상대방은 영어로 말할 때 비즈니스 자체에만 신경 쓰게 되어 있다.

미국에는 한국교포가 있고, 캐나다 등에도 한국교포가 있고, 교포는 아니더라도 어릴 때 외국에 살다가 한국에 온 수도 적지 않아 영어를 원어민 수준으로 사용하는 사람이 한국에 취직하러 많이 들어온다. 따라서 이러한 사람을 제외하고는 영어가 밥 먹여주는 시대가 아니다. 물론 취미가 있고 적성이 맞고 집에 돈이 풍족하다면 영어 공부에 돈을 쓰던 대로 써도 된다. 하지만 수입보다 지출이 많은 구조를 지속하면서까지 자녀를 어렸을 때부터 영어유치원에 보낼 필요는 없다는 이야기다.

적당한 수준에서 자녀의 영어를 교육하는 소비 전략은 의외로 중요하다. 교육은 투자라는 말이 있다. 이 말은 '희소성'이 보장될 때의 말이다. '범람성'을 보일 때는 교육은 투자가 될 수 없으며, 소비의 행태로 접근해야 유리하다.

예를 들어, '호주에 어학연수 1년 다녀왔다'는 사실이 부모님이나 그 세대 친구들에게는 막연하게 먹히겠지만, 리크루터에게는 잘 안 먹힌다. 리크루터는 다음 질문을 물을 수도 있고 속으로 묻는 정도에 그칠 수 있다.

"워킹비자 받아서요?"

호주에 학생비자가 아니라 워킹비자를 받아서 1년 갔다 오면, 어느 정도의 영어 실력인지 리크루터는 이미 상세하게 알고 있다. 빚을 내서 자녀 영어 교육에 매달리지 마시기 바란다. 척박한 기업 환경에서 돈을 벌어 생존하고 있는 기업은 우리가 막연하게 생각하는 것보다 훨씬 상세하게 정보력을 가지고 있다. 그렇지 못하면 도태되기 쉬우므로 더 그렇다. 학부모를 상대로 영업 차원에서 상담하며 좋은 말 늘어놓는 영어학원과는 다를 수밖에 없다. 어찌 되었든 전체적으로 영어로 밥 먹고 살 수 있는 시대는 지나고 있다. 물론 영어로 동시통역을 할 수 있다든지 등의 직업도 있으나, 생각보다 그러한 직업이 많지 않으며, 영어 학습에 적성과 효율이 높을 경우 열심히 해보는 것도 방법이겠으나, 무리하게 그 방향만 좇으면 기대되는 효과보다 비용만 과중할 수 있다는 점을 고려하자.

PART
7

호재와
악재의
은밀한 구별

박수와 손뼉치기를
구분하자

박스와 손뼉치기는 동의어로 같다. 둘 다 양손의 손바닥을 서로 마주치면서 소리를 일으키는 행위다. 그런데 필자는 이 책에서 이 두 단어를 다르게 정의하려고 한다. 같은 행위인데 어른이 하면 박수고, 어린이가 하면 손뼉치기라고.

'박수칠 때 떠나라'는 말이 있다. 박수가 찬성, 환영, 즐거움을 진정 표현한다면, 왜 떠나야 하는가? 아마도 진정성 측면에서의 표현은 어린이들이 치는 손뼉치기고, 어른들이 치는 박수는 진정성을 표면적으로 받아들이기보다는 숨겨진 정치성도 읽어야 되기 때문에 이런 말이 나오지 않았겠는가.

손바닥 더하기 손가락이 손뼉이라는 측면에서 손뼉은 손 전체로 이루어진 벽이다. 손의 벽을 마주치며 소리를 내고 있지만, 한 가지 소리가 아니라 실제로는 두 가지 소리일 수 있다. 다른 사람들은 하지만 눈치를 보아 나만 안 하여 머쓱해서 친다면, '박수'라고 정의하고, 다른 사람들 눈치 보기 전에 나도 모르게 치고 있다면, '손뼉치기'라고 새롭게 정의해보자.

자, 이제 질문이다. 여러분의 사랑스런 자녀가 음악을 듣고 박자를 표현하며 엉덩이를 실룩거리는 게 귀엽게 보이고, 한 어린아이가 잘 걷지도 못하면서 '쎄쎄쎄'를 한다. 박수를 쳐야 하나, 손뼉치기를 해야 하나? 정답은 손뼉치기다.

연초 직장 회의에 참석했는데, 승진자를 호명하며 일으켜 세우는데 승진 대상인 본인은 누락되고 다른 입사 동기는 승진을 해서 자리에서 일어서는 상황이다. 박수를 쳐야 하나, 손뼉치기를 해야 하나? 정답은 박수다. (회사를 그래도 다닐 생각이면 가만히 팔짱 끼며 간접적으로 서운함을 표시하기보다는 박수 쳐 주는 게 도움이 된다.)

이번에는 좀 어려운 문제를 내보겠다. 선거를 앞두고 교회에

출석했는데, 목사님이 설교를 끝내고 광고시간에 지역구 현역 국회의원을 일으켜 세우고 인사를 시킨다. 박수를 쳐야 하나, 손뼉치기를 해야 하나? 우리 교회까지 찾아주었다고 생각하는 사람은 손뼉치기를 할 터이고, 예배시간에 큰 교회라고 선거 직전 한 번 찾아온 국회의원을 세워서 인사시키는 게 불만인 사람은 박수를 칠 것이다.

여러분의 자녀가 대학에 입학하게 되었다. 입학식에서 박수를 쳐야 하나, 손뼉치기를 해야 하나? 많이 컸구나 하는 생각이 앞서면 손뼉치기를 할 테고, 요즈음 대학 졸업해도 취업 안 된다는 생각이 자꾸 들면 박수를 칠 것이다.

이러한 박수와 손뼉치기 구별은 투자 의사 결정 측면에서도 매우 중요하며, 특히 시기적으로 코리아 경제 시곗바늘이 오후 3시를 가리킨다면, 더더욱 중요하다. 어떠한 사건이 뉴스에 나올 때 뉴스 톤은 '호재'처럼 이야기하는데 단기 호재나 중장기 악재일 수 있고, 호재는 아닌데 호재로 포장되었을 수 있고, 진짜 호재일 수도 있기 때문이다.

단순화 차원에서 박수는 2번 치자, 짝짝. 손뼉치기는 3번 하자, 짝짝짝. '짝짝'은 박수다. '짝짝짝'은 손뼉치기다.

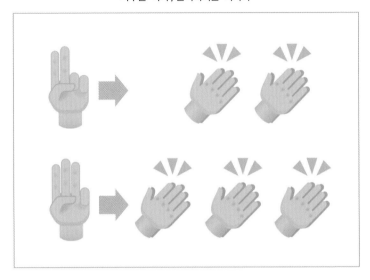

· 박수는 '짝짝', 손뼉치기는 '짝짝짝' ·

획일성은
감정적 투자와 같다

20여 년 전과 비교해서 확실히 다른 모습을 꼽아보라면 '모두 핸드폰을 갖고 있다'는 점부터 다양하게 들 수 있는데, '성형외과 수가 급증한 점과 성형한 여성들도 급증한다'는 점을 꼽을 수 있다.

핸드폰 보급률은 세계 각처에서 예외 없이 높아졌다는 점에서 글로벌 현상이고 기술 트렌드 변화의 결과로 해석된다. 그런데 성형은 완전히 다른 이야기다. 전체 수술 및 비수술 성형 건수의 총합 측면에서는 한국이 세계 4위 수준이며, 인구대비 비율로 따지면 한국이 압도적으로 세계 1위 성형국가다. 일부 중국 등 아시아 여행객이 성형수술을 목적으로 한국을 방문한 사례도 많다. 인구대비 비율로 성형국가 2위인 그리스도 유럽 내 성형수술비가 상대적으로 싸서 다른 유럽 국가에서 원정 성형을 하는 경우가 적지 않다. 즉, 핸드폰 보급률과는 달리 글로벌 현상이 아니라 특정지역의 현상이며, 기술 트렌드 변화가 아닌 인간의 마음속에서 결정되는 선호 트렌드의 변화다.

왜 한국에서 유독 이러한 현상이 집중되어 나타나는가? 성형수술 후 소위 팔자 고쳐서 돈도 벌고 유명해진 셀리브리티도 있고, 매스미디어 노출 빈도가 높은 K-POP 가수 상당수가 성형한 사실도 적지 않게 작용했을 것이다. 그리고 소비 패턴에 직접적으로 영향을 미치는 상업 광고에도 자연미인 비중이 급격히 줄고 성형미인 비중이 높아진 점도 모방 심리를 자극했을 수 있다. 특히 홈쇼핑 쇼호스트는 거의 성형한 경우가 많다. 아마도 마케팅 측면에서도 성형 경험이 있는 사람들이 소비성향도 높을 것이라는 공감대가 형성된 인상이다. 또한 성형시장이 커지자 성형외과 병원의 마케팅도 매우 공격적이고 적극적으로 변했다.

미디어 측면의 노출 외에도 블로그 및 개인 SNS 등 비공식 정보 통로를 통해서 '성형하니 결혼은 잘하는 것 같다'는 일종의 편향된 정보도 호소력을 발휘한 듯하다.

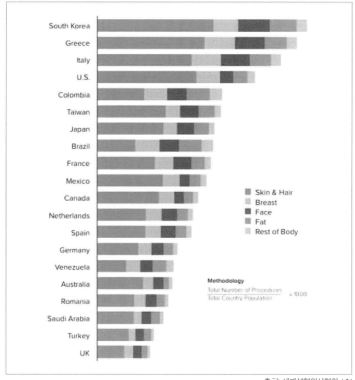

상위 20개국 성형시술 순위표

* 출처: 세계성형의사협회, UN

이상 거론한 요인도 성형 촉진 요인으로 작용했겠지만, 더 근본적인 원인으로는 다음 두 가지를 꼽고 싶다.

첫 번째는 한국인의 성향이 과거보다 더 시각적 의존도가 높아졌다고 생각한다. 소위 결혼시장에서 괜찮은 남자가 성형 미인과 행복하게 결혼했다고 생각하고, 한국의 남자들이 여자가 성형해서 미인이 되었다 하더라도 이러한 사실에 구애 받지 않고 만족도를 보인다고 해석되며, 결국 판단기준이 상당히 시각적이고 '현재의 모습' 외에는 관심도가 낮다고 볼 수 있다.

두 번째는 한국인의 성향이 시각적 의존도가 높을 뿐만 아니라, 시각 안에서도 '다양한 선호'가 아니라 '획일하고 표준화된 선호'가 먹힌다고 해석된다. 즉, 성형외과 상담 시 몇 명의 셀러브리티 사진 중에서 선택하게 하는 패턴이 많은데 눈은 누구 눈, 코는 누구 코 하는 식이다. 그러다 보니 과거 한국 여성들의 다양한 얼굴 모습은 이미 매체에서 많이 사라지고 비슷한 생김새의 조금 다른 사람들이 지속적으로 노출되고 있다. 어떤 경우는 누가 누구인지 구별이 어려울 정도로 유사하고 획일화된 미의 기준이 미디어상으로 노출되고 있고 이제는 일상생활에서도 보인다.

이 말은 성형뿐만 아니라 다른 사건들도 시각적 의존도가 높아졌을 가능성이 크며, 다양성에 대한 개방도가 낮아졌다는 개연성이 높아졌음을 의미한다. 즉, 시각적으로 호응도를 높이면

본질과 내면에 대한 고찰능력이나 성향이 과거보다 낮아질 수 있음을 시사한다. 여기서 조작 위험이 나타난다. 시각적으로 자극하면 대중은 과거 어느 때보다 호응하므로 지금 당장 눈에 보이는 시각에 대한 자원 집중도를 높이고, 본질이나 진정한 문제 해결에는 자원 집중도를 낮출 위험에 한국 경제는 노출되어 있다.

공중파 방송의 뉴스 메인 앵커가 전하는 뉴스는 다 진짜일까? 가짜는 아니더라도 시각적 측면이 과장된 뉴스는 아닐까?

아마도 성형에 대한 거부감이 없고 이제는 거꾸로 선호하는 경향마저 보인다는 점에서, 대중들의 판단능력도 과거에 비해 상대적으로 시각적 성향이 높아 보인다.

서양인들은 전형적으로 대대로 내려오는 동양인의 얼굴 생김새에서 고유의 아름다움을 인정한다. 그런데 정작 동양인인 우리 한국인은 전통적으로 내려오는 미의 기준을 적어도 성형시장에서는 아예 내팽개치고 '매우 좁은 범위의 미의 기준'을 강용하고 좇고 있다.

획일성은 경제적 측면에서도 '감정적 투자'와 공통점이 많다.

· 양복 입고 치는 박수 '짝짝' ·

여러 투자 실험 결과를 보면 '감정적 투자'의 수익률이 가장 안 좋았던 경우가 많다. 우리가 약속한 '짝짝'은 박수이며, 겉치레 행동일 뿐이다.

불행 중
다행도 있다

모든 일에는 장점만 있는 것이 아니고 단점도 있다. 이 말을 다시 표현하면 모든 일에는 단점만 있는 것이 아니고 장점도 있다고 할 수 있다. 그 당시 실패했다고 생각한 일이 수업료를 낸 교훈으로 작용하여 후에 늦게나마 좋은 밑거름이 되는 경우도 많다.

코리아 경제시계를 다양한 시각과 분석으로 논의하였다. 결론을 이야기해야 할 시간이 다가왔다. '불행 중 다행'이 필자가 한마디로 압축한 결론이다. 이 말이 무슨 말인고 하니, 일단은 불행한 국면이다. 현재의 한국 경제를 바라보는 안타까움이다.

왜 그런가에 대해서는 이미 자세하게 거론하였기 때문에 여기서는 과감하게 생략한다. 그래도 잘 모르겠다고 하는 분은 사는 동네를 느린 걸음으로 산책하며 한 바퀴 둘러보기를 바란다. 느끼고 체험해야 몸에 와닿는다.

가끔씩 운전하다 보면 이전에는 안 보이는 작은 안타까움이 하나둘씩 눈에 보인다. 불과 수년 전에는 안 그랬는데 한참을 비어 있는 점포, 그리고 얼마 뒤 근처에 하나 더 비어 있는 점포들… 동네 공터에 전보다 계속 눈에 더 잘 보이는 개별 화물트럭, 이전에는 저녁 늦게 오던 택배기사의 이른 배달… 광고트럭인데 광고 못 붙이고 광고주 구한다는 광고트럭…

이제 불행 다음에 있는 다행을 이야기해보자. 그런데 이러한 변수들의 상당수가 '정치변수' 성격이 강하다. 향후 현명한 정치권력이 나타나거나, 현재의 정치권력이 현명해지거나, 누군가가 리더십을 발휘하여 이미 상당수 정치 세력화된 한국의 각종 이해관계집단이 한발씩 양보하는 사회적 합의를 도출한다면 뒤늦게나마 적지 않게 불확실성이 축소될 수 있다는 믿음을 가질 수 있다.

필자가 이 말을 한다고 혹시 '별거 아니네', '그럼 희망을 가져도 되는 거야?' 등으로 단순화하지는 않길 부탁드린다. 한번 죽은 나무는 다시 살아나지 않는다. 한국 제조업은 나무숲이다. 우리 제조업이 어려울 때 중국, 베트남 등의 제조업은 더 도약하고, 우리 제조업 나무숲 중에서 일부 나무는 이미 죽었을지 모른다. 하지만 아직 숨을 쉬는 나무도 있으니 '정책 변수의 불확실성'을 줄이는 쪽으로 2020년 한국 경제주체들의 보이지 않는 노력을 응원하며 지켜보자.

나무가 죽는 수준까지 방치되지는 않는다면 정상적인 메커니즘으로 되돌리려는 복원력을 과소평가해서는 안 된다. 예를 들어, 방향은 반대지만 과거 네덜란드에서 발생했던 튤립 열풍을 생각해보자.

1630년대 네덜란드 사람들을 현혹한 상품이 튤립구근이었는데, 그에 대한 잘못된 집착은 5년에 걸쳐 나타났고 튤립구근 가격은 대단히 비현실적인 가격으로 거래되었다. 그런데 이러한 사실을 잘 몰랐던 어느 한 선원이 튤립구근을 양파로 오인하여 먹은 사실이 회자되며, 결국 사람들은 그 비현실적 가격에 의구심이 들었고, 튤립구근은 일주일여 만에 정상 가격으로 복원됐다.

　나무가 죽기 전에 한국 경제의 복원력이 나타날 계기가 2020년 상반기에 온다면, 우리는 손뼉치기로 약속한 '짝짝짝'을 쳐주자.

· 양복 안 입어도 칠 수 있는 손뼉치기, '짝짝짝'을 기다리며 ·

　시장의 진위를 파악하기 위해 뉴스와 사건 발생 이후 시간을 갖고 혼동 요소를 필터링하여 제거하고, 위장술이 들어간 건은 위장용품을 벗겨내고, 좋은 패라는 게 판명되면 '짝짝짝'이다. 의외로 시간 여유를 갖고 할 수 있는 단순한 작업일 수 있다. 과거를 놓고 걱정하지는 않듯이, 동시에 최신 편향도 피하려고 노력하며 재료에 대한 위장막을 천천히 벗겨내며 분석 결과가 속 내용이 악재가 아니라면 가격이 일시적으로 하락하더라도 상황이 반전되기를 기다리는 접근이 유리하다.

　반대로 위장막 속의 실제 내용이 악재라면 가격이 일시적으로 상승하더라도 포지션을 계속 유지하려는 고집은 접어두고, '기술적 디버전스(주가나 가격은 오르는데 기술적 지표는 그렇지 않을 때)' 포착 시 포지션 청산이 유리하다.

PART
8

2019 + 2020
자산시장
전망

2019 + 2020
상반기 주식시장 전망

2019년 주식시장을 전망하기 위해서는 2018년 주식시장을 돌아보면 키포인트를 바로 확인할 수 있다. 2018년 1월 효과가 2월 들어 가파르게 소진되고 나서 3달여 동안 변동성이 축소되며 답보 상태를 보였던 주식시장이 제7회 전국지방동시선거가 있던 6월 13일 '1번의 전국 싹쓸이' 소식이 들리고 나서 열린 바로 6월 14일 주식시장부터 가파르게 변동성이 확대되었다.

의외로 한국 정치변수가 주식시장에 영향을 주는 구도로 나타난다는 사실을 확인할 수 있다. 지방선거 전날인 6월 12일과 직후인 6월 14일 사이에 갭 하락 패턴이 전형적으로 나타나며,

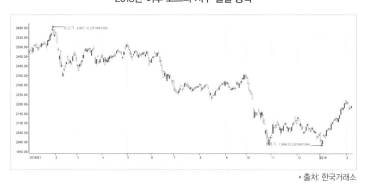

• 출처: 한국거래소

갭 하락의 위력을 과소평가하면 안 된다는 점을 보여주었다.

갭의 크기는 크지 않으나 갭이 작더라도 진정한 트렌드 킬러로 알려진 갭 하락의 의미가 있어 보인다. 따라서 향후 그다음 정치 일정이 2020년 4월에 실시될 총선임을 감안하여, 2019년과 2020년 상반기를 묶어서 주식시장 전략을 세워야 할 필요성이 급부각되고 있다.

대외적으로는 미국의 통화공급량 팽창이 금리 상승 전화기 직전에 너무 과도하게 이루어짐에 따라 겉으로는 미국 경기 안정처럼 보이나 실질적으로는 인플레이션 초기 단계일 수 있다. 한국 입장에서는 이러한 인플레이션이 전 세계적으로 더 상승할지 여부가 우선 체크해야 할 대외 경제 변수다.

한미 금리 역전 해소가 장기적인 측면에서 과제가 될 전망이며, 세계 기축통화 달러를 통제하는 미국이 이러한 프리미엄을 안고(금리정책 여유가 한국에 비해 상대적으로 있다는 점)있다는 것을 감안할 때, 한미 금리 역전 해소까지는 안 되더라도 최소한 그 차이가 0.25%를 넘지 않아야 외국인 장기투자자금의 유출을 막을 수 있다고 예상된다.

2019년과 2020년 상반기를 묶어서 보면 종합주가지수는 상단 2,417Pt, 하단 1,890Pt 예상된다. 다음 두 표는 코스피 50 지수를 이루는 50 종목의 상단과 하단, 접전이 예상되는 선(접전선) 예상 표다. 접전선을 산술적 중간선이 아닌, 기술적 측면과 심리적 측면에서 중심선이라고 생각하자.

· 코스피 지수 및 코스피 50 종목 예상 등락폭 및 접전선 ① ·

종목(지수)명	코드	상단	하단	접전선
종합주가지수	001	2,417	1,890	2,190
CJ	001040	148,600	118,000	130,000
KB 금융	105560	62,000	51,000	52,000
KT	030200	31,200	27,900	28,500
KT&G	033780	108,200	91,500	100,000
LG	003550	77,000	67,100	72,000
LG 디스플레이	034220	22,200	16,500	19,600

LG 생활건강	051900	1,340,000	1,040,000	1,180,000
LG 전자	066570	76,000	44,000	68,000
LG 화학	051910	360,000	240,000	323,000
NAVER	035420	760,000	630,000	680,000
POSCO	005490	330,000	210,000	270,000
S-Oil	010950	145,000	117,000	123,000
SK	034730	312,000	260,000	280,000
SK 이노베이션	096770	231,000	180,000	202,000
SK 텔레콤	017670	285,000	243,000	265,000
SK 하이닉스	000660	82,000	58,000	70,000
강원랜드	035250	30,200	25,200	28,000
고려아연	010130	450,000	375,000	408,000
기아차	000270	36,300	29,500	33,000
기업은행	024110	16,500	14,000	15,000
넷마블	251270	140,000	106,000	114,000
롯데쇼핑	023530	224,000	171,000	195,000
롯데케미칼	011170	303,000	250,000	270,000
삼성 SDI	006400	269,000	186,000	216,000

· 코스피 지수 및 코스피 50 종목 예상 등락폭 및 접전선 ② ·

종목(지수)명	코드	상단	하단	접전선
삼성물산	028260	134,000	112,000	123,000
삼성바이오로직스	207940	600,000	363,000	455,000

삼성생명	032830	112,000	84,000	93,000
삼성 SDS	018260	245,000	183,000	215,000
삼성전자	005930	51,000	29,000	42,000
삼성화재	000810	296,000	268,000	275,000
셀트리온	068270	330,000	190,000	243,000
신한지주	055550	49,500	39,000	44,000
아모레 G	002790	61,500	90,000	80,000
아모레퍼시픽	090430	245,000	188,000	229,000
엔씨소프트	036570	440,000	336,000	386,000
우리은행	000030	18,200	14,900	16,000
이마트	139480	234,000	176,000	205,000
카카오	035720	130,000	89,000	110,000
코웨이	021240	93,000	76,000	83,000
하나금융지주	086790	48,400	39,000	44,500
한국전력	015760	33,000	24,500	26,100
한국타이어	161390	54,800	38,000	46,000
한국항공우주	047810	41,500	32,000	35,000
한미사이언스	008930	90,500	62,000	77,000
한화생명	088350	6,000	4,200	5,300
현대글로비스	086280	140,000	100,000	121,000
현대모비스	012330	222,000	180,000	206,000
현대제철	004020	64,800	46,200	54,000
현대중공업	009540	160,000	98,000	136,000
현대차	005380	142,000	115,000	123,000

전체 등락 형태는 'W형 등락 패턴' 가능성을 가정한 접근이 유리해 보이며, W 출현이 완료되고 나서는 2020년 4월 총선이 정책 변수의 불확실성 축소로 결과가 나올 경우 이전 등락이 '쌍바닥 패턴'으로 진단이 날 터이고, 2018년 지방선거의 재현으로 결과가 나타날 경우 곧이어 변동성 확대와 더불어 역W형 패턴이 2020년 4월부터 예상된다. W형 패턴이나 역W형(M형) 패턴은 의외로 시장이 투자심리와 함수관계가 되었다는 의미다.

전반적으로 거래 범위가 자리가 잡히면 상승 디버전스와 하락 디버전스와 같이 '당장 짧은 시기에 시각적으로 보여주는 등락이 내면적으로 보여주는 시각과 반대로 갈 신호'인지 파악하는 게 중요하다. 시장 등락이 뱀처럼 구불구불거리는 구간이 나타날 때 MACD나 스토캐스틱과 같이 일반적으로 많이 보는 기술적 지표의 디버전스 출현 여부를 체크하여 확인될 경우, 뱀이 움직이던 방향과 반대 방향으로 갈 가능성을 준비한다. W형이나 역W형(M형) 완성 이후 흐름이 진짜 흐름일 가능성이 높다.

업종별로는 모멘텀이 소진하는 과정을 겪는 자동차업종, 모멘텀이 꺾이지 않은 보험업종, 화학업종 등이 관심 업종이다.

한국은 OECD 국가 중에 자영업자 비율이 가장 높아, 소비업종에 대한 판단은 경제지표에 의존하기보다는 정책 변수 불확실성 축소가 가능할지 여부를 먼저 살피는 게 유리하다. 실제 발표하는 소비심리지수나 소비자물자지수와 현 경기 흐름 간에는 이질적인 격차가 있을 수 있다는 점을 감안해야 한다.

다시 2019년과 2020년 상반기를 묶어서 보면, 코스닥 지수는 상단 850Pt, 하단 630Pt 예상된다. 다음 표는 코스닥 시가총액 상위 20 종목의 상단과 하단, 접전이 예상되는 선(접전선) 예상 표다.

· 코스닥 지수 및 시가총액 상위 20 종목 예상 등락폭 및 접전선 ·

종목(지수)명	코드	상단	하단	접전선
코스닥 지수	201	850	630	744
셀트리온헬스케어	091990	102,000	68,000	88,000
신라젠	215600	107,000	51,000	78,000
CJ ENM	035760	273,000	216,000	230,000
포스코켐텍	003670	78,000	42,000	52,000
에이치엘비	028300	117,000	56,000	90,000
나노스	151910	9,600	4,700	7,000
바이로메드	084990	240,000	180,000	200,000
메디톡스	086900	600,000	340,000	535,000

스튜디오드래곤	253450	120,000	86,000	97,000
펄어비스	263750	250,000	185,000	200,000
코오롱티슈진(Reg.S)	950160	52,000	30,500	40,000
셀트리온제약	068760	91,400	54,000	66,000
컴투스	078340	168,000	121,000	136,000
SK 머티리얼즈	036490	204,000	140,000	175,000
제닉신	095700	104,000	63,000	82,000
파라다이스	034230	22,000	16,500	18,400
휴젤	145020	490,000	275,000	342,000
고영	098460	115,000	69,000	80,000
코미팜	041960	30,500	20,000	25,000
GS 홈쇼핑	028150	229,000	178,000	198,000

코스닥은 시가총액 상위에 성형 및 바이오 관련 비중이 높아 상당한 변동성이 예상되며, 2개 겹친 역W형(한 번 역W형이 발생하고 추가적으로 한 번 더 역W형 생성) 발생 가능성이 높아 보인다.

시장의 중요한 변화를 포착해 포지션 승률을 높여야 한다면, 코스닥에서 나오는 W형에서 오른쪽 저점이 왼쪽 저점보다 더 낮게 나올 경우 상승 추세가 바로 나오지 않고 다시 한번 더 저점 테스트를 거칠 수 있다고 예상하는 것이 좋다.

업종별로는 비바이오 관련주 중심의 종목 탐색이 유리해 보인다. 현 시장이 보이는 특정 업종 편향성은 법정이 절대 진리를 판결할 수 없듯이, 상대적인 시장참여자들의 선호로 보이며, 코스닥의 장기적 발전을 위해서는 종목 선별에 있어 비편향성이 절실하게 필요하다.

거래량이 패턴을 거치면서 점차 감소할 경우 인내심을 가지고 시장 소음과 페이크를 제거해가며 6개월 동안 나름 변동성이 최저점이라고 생각하는 시점 이후 진행되는 방향에 초점을 맞추어 본격적으로 움직인다는 전략을 펼칠 것을 제안한다.

결론적으로 지지선이 무너질 때는 시장에 맞서 싸우려고 하지 않는 접근을 권하며, 각 시장과 종목의 지지선, 중심선 중에 가장 접전이 예상되는 지수 및 가격대를 위의 표 맨 오른쪽 칸에 나열한다.

2019 + 2020
상반기 부동산시장 전망

과거 한국 경제시계가 오전 시간을 가리켰던 1960년대와 1970년대에는 인플레이션과 경제성장이 공존했다. 소비성향비율이 지금보다 낮았기 때문이다. 당시에는 수입보다 더 많은 지출을 하지 않는 분위기였고 개인의 저축 성향이 지금보다 현격하게 높았다. 푼돈은 돼지 저금통에, 목돈은 적금으로 저축했다. 정치적으로나 사회적으로도 '저축왕 뽑기' 등 저축을 장려하는 분위기였다.

반면 지금은 개인의 저축 성향이 그때와는 현격하게 차이가 나 상당수는 수입보다 지출이 많은 마이너스 구조도 의외로 많다. 개인의 자산시장에서 자금 구조가 금리 인상에 취약한 구조라는 단점과 동시에 다른 대체 자산의 수익률 우위 가능성도 높지 않아, 부동산시장은 어느 때보다 선별적 시각이 필요하다. '아파트 및 상가는 선별적, 토지는 유망'으로 2019+2020 상반기 시장을 전망한다.

수도권 아파트 입주 물량 증가로 인해 2019년 3분기까지는 수익률 답보 현상이 예상되는데, 2019년 4분기부터는 서울 지역 입주 물량이 급감하게 되어 서울 및 수도권 아파트의 경우 선별적인 접근이 유리해 보인다.

상가의 경우 서서히 증가하는 상가 공실률과 잠재 매물을 감안하여, 리모델링 가능성이 높은 구상권 상가와 신축 상가의 경우 고분양가에 상응하는 현금 흐름 창출 길목 중심으로 선별하는 접근을 제안한다. 신도시 형성에 대한 막연한 기대로 판단하지 않고 실제 상권 형성 시기를 저울질하여 처음 상가 분양을 받은 사람들이 중도 포기할 수 있는 시기인 물건은 한번 체크할 필요가 있으며, 2층 내지 3층 상가 물건은 향후 더 이용 가능성이 높을 수 있다.

2019년과 2020년 상반기에는 부동산시장에서 '토지'가 상대적으로 유망할 전망이다. 큰 도로변에 있는 비싼 땅의 조그마한 평수 토지보다는 3미터 골목도로라도 '땅 평수' 넓은 물건이 향후 응용 가능성이 높다. 이런 측면에서 그린벨트 투자가 지속적으로 유리할 전망이며, 나대지는 아니더라도 단독촌에 대한 순환매도 예상된다. 주거용 저층 부동산의 경우 단독촌 성격이 확실하거나 주거 외에 테마 상권 잠재력이 있는 '주거 응용 상권(예를 들면, 한옥 빌리지, 갤러리 빌리지, 가족클럽 성격으로 발전할 수 있는 자연 카페촌)'이라면 둘 다 유망하다.

부동산시장을 지역별로 보자.

서울의 경우 향후 관광 및 미술, 금융 특구 이슈가 제기될 가능성이 있는 '종로구', '중구', '이태원 부근', '여의도' 매물을 관찰해보면 좋다.

경기도에서는 '고양시', '평택시', '남양주시'에 관심을 두는 게 유리하다. 고양시는 이케아 2호점 및 스타필드 고양을 중심으로 반경 5km 영역이 응용력 있어 보인다. 삼송역 부근 스타필드 고양과 서울외곽순환도로 통일로IC, 그리고 원흥개발지구 이케아를 삼각점으로 하여 인근 도로변은 이미 시세가 많이 올랐으나, 이면도로 뒤편과 그린벨트 등은 향후 잠재성이 있다고 판단된다.

· 경기도 고양 ·

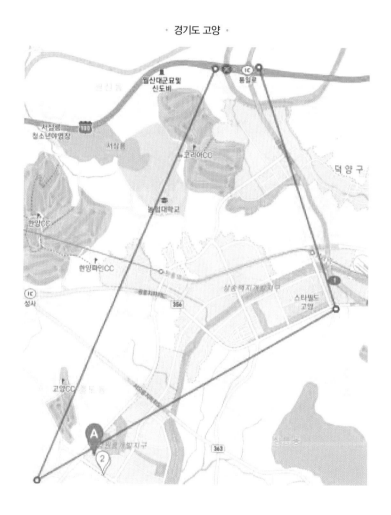

평택시는 삼성전자 평택캠퍼스 옆 고덕신도시는 이미 많이

알려져 있어 선별적 접근이 필요하며, 미군부대 '캠프 험프리' 바로 옆은 아니더라도 도보 10분권 영역을 지켜볼 필요가 있다. 아래 지도는 캠프 험프리 K6 사거리부터 평택 기업형임대주택 촉진지구까지의 도보 10분권을 일례로 보여주고 있다.

• 경기도 평택 •

남양주시는 다산신도시 추가 확장 가능 영역을 중심으로 그린벨트를 포함하여 향후 '창고형 매장'을 설립할 수 있는 곳이 유리해 보인다. 기존의 덕소리 아파트촌 뒤쪽의 86번 국도를 중심으로 형성된 창고형 매장이 지난 10여 년간 상권 형성에 성공한 만큼, 이패IC에서 북부간선도로 진입로를 한가운데로 양정동에 진행 중인 다산신도시 완공과 양정역 뒤편 역세권 개발과 맞

물려 인근 지선 도로 주변으로 창고형 매장 확장 가능성이 엿보인다. 대부분 이 지역이 그린벨트나 기존의 상권이 형성된 매장들도 이러한 약점에서 시작되었다는 점을 감안하고, 향후 이행금 납부에 대비하여 일부 자금은 남겨두는 전략이 필요하다.

· 경기도 남양주 ·

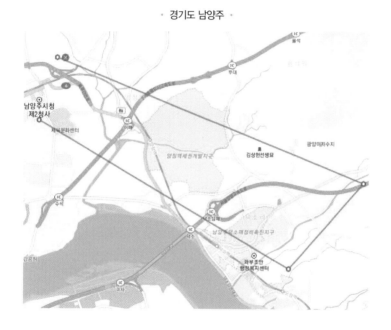

이외에 인천 서구지역 중에 북인천IC와 검단양촌IC 그리고 검암역을 잇는 삼각지점 부근의 아파트는 인근 산업지역의 상대적 선방으로 역전세난 우려가 덜할 것으로 전망되어, 시장가 아래 매물은 선별적으로 투자하는 것이 가능해 보인다.

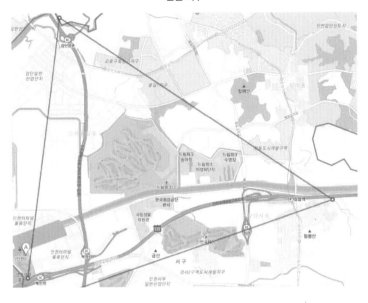

　　마지막으로, 수도권을 벗어나서는 '강원도 북부지역'만 거론하겠다. 강원도 북부지역은 양양JC, 북양양IC, 하조대IC를 삼각형으로 연결한 삼각권 내륙 지방과 인근 해변 지역이 유망해 보인다. 서울로의 고속도로 진출입이 5분 이내이며, 양양국제공항 및 수산항과의 교통 연계 응용력이 있을 수 있고 낙산도립공원 등의 대표 관광지를 활용한 추가 리조트 설립 가능성이 예상된다.

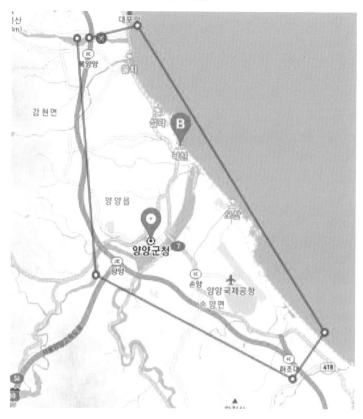

부동산 경매시장은 자기자금 동원보다 부채조달 비중이 더 높은 경우 감정가가 비교적 설정된 지 오래된 물건 중심으로, 반면 자기자금 동원 능력이 높을 경우 법정지상권 성립 가능성이 높은 물건으로 접근하는 게 '금리 인상기'에 유리하다.

법정지상권은 최악의 경우 2년 지료 연체 또는 불납 시 '지상권 없음' 판결로 거의 문제 해결이 가능하나, 유치권은 의외로 시간이 지나도 고전하는 경우를 종종 보았으므로 주의해야 한다. 어떤 빌딩 물건의 경우 금액이 커, 변호사에게 권리분석을 의뢰하여 해결 가능한 유치권이라고 하여 접근하였으나, 3년이 지나도록 미해결되는 사례도 보았다.

　　최소한 2번 이상의 현장 답사가 많은 답을 줄 수 있다. 첫 번째는 대상 물건 선정 시에 대부분 갈 수밖에 없지만 입찰 직전 이틀 내에 한 번 더 가보면 의외의 암시 단서가 눈에 보이는 경우가 있다. 이때 경매사이트 등에서 상위 랭크되며 관심도가 높은 물건들은 첫 번째 탐사와 달리 자동차 안에서 몇 번 주위를 맴돌며 관찰을 많이 하거나, 현장 노출을 적게 하는 게 낙찰 가능성을 높일 수 있다. 주변에서 괜히 근처 경비원이나 관련 사람들과 말을 섞어 낭패 보는 경우를 종종 보았다.

　　2019년, 2020년 상반기 부동산 경매 및 공매시장은 2020년 하반기 이후 경매 및 공매 물건 증가 가능성을 감안하여 공격적 입찰을 지향하고, 권리분석이 자신의 능력 안에서 되고, 경기 침체에 따른 명도 기간이 연장될 가능성도 고려하여 잔금 납부 후

실제 명도까지의 자신의 자금 지탱 능력을 한 번 더 체크하는 것을 권한다.

부동산도 시기적으로 환금성을 같이 고려해야 유리한 시기이므로 지분투자는 되도록 지양하길 바란다. 집은 허름해도 토지는 괜찮은 단독 물권에는 지속적으로 관심을 두는 게 필요하다.

2020 하반기 자산시장 전망

2020년도 하반기 주식시장 및 부동산시장을 포괄한 자산시장은 다음의 두 가지 변수의 조합에 따라 각각 다른 시나리오를 가정하여 접근하는 것을 제안한다.

하나는 국내 변수로 2020년 4월 15일에 실시될 국회의원 선거고, 다른 하나는 국내외 금융정책이 혼합 변수로 한미 간 금리 역전 완화 여부다.

총선 결과가 2018년 지방선거 재현으로 나타날 경우 주식시장 흐름도 2018년 지방선거 이후 흐름과 상당히 유사할 것으로 전망된다. 경제시장 논리가 지속적으로 정치적 논리에 헤게모니를 뺏긴 채 어려운 국면으로 진행될 가능성이 있다.

반면 '견제와 균형' 구도로 총선 결과가 나타날 경우 뒤늦게나마 시장중심적 정책으로의 반전 가능성이 있다고 전망된다. 지표 중에는 2020년 3분기와 4분기 설비투자 지표 개선 여부가 일차적인 관심 지표이며, 미국 등의 경기 연착륙 여부에 영향을 받는 수출 증가율 동향도 체크포인트다.

미국 연방기금 금리와 한국은행의 콜금리 간의 역전 갭이 0.5% 이상 차이 나는 경우 실물경제의 질적 저하가 확인되면 언제든지 외국인투자자의 자금 이탈 위험을 고려할 수밖에 없다.

반면 한국과 미국의 금리 역전 해소 또는 0.25% 이내 범위인 경우 국내 제조업 및 서비스생산과 건설기성 등의 호전 조짐이 나타나면 통제가능 영역으로 해석할 수 있다.

위에서 거론된 국내 총선 변수가 2가지 경우의 수와, 한미 간 금리 차이의 2가지 경우의 수를 2*2 메트릭스표(Matrix Table)로 정리하면 다음과 같다.

경우의 수	총선 결과 = 2018 지방선거		총선 결과 = 견제와 균형	
한미 간 금리 차이 0.25% 이내	주식시장 = Weak	부동산시장 = Zero Sum	주식시장 = Stable	부동산시장 = Stable
한미 간 금리 역전 0.5% 이상	주식시장 = Unstable	부동산시장 = Unstable	주식시장 = Zero Sum	부동산시장 = Zero Sum

자산시장변동성이 부정적인 측면이 많은 것부터 순서대로 살펴보자.

시나리오 A (총선 결과 = 2018 지방선거, 한미 간 금리 역전 0.5% 이상) → 주식시장 = Unstable / 부동산시장 = Unstable

➜ 9-1 비상시 탈출 전략을 참조하여 시장에 대응한다.

시나리오 B (총선 결과 = 2018 지방선거, 한미 간 금리 차이 0.25% 이내) → 주식시장 = Weak / 부동산시장 = Zero Sum

➜ 6-1 투자보다 소비 전략 우선을 참조하여, 단기 기술적 지표의 과매도 신호 발생 시 시장 단기 참여 전략과 부동산 선별로 대응한다.

시나리오 C (총선 결과 = 견제와 균형, 한미 간 금리 역전 0.5% 이상) → 주식시장 = Zero Sum / 부동산시장 = Zero Sum

➜ 3-3 핸드폰을 버려야 하는 개인을 참조하여 시장에 대응한다.

시나리오 D (총선 결과 = 견제와 균형, 한미 간 금리 차이 0.25% 이내) → 주식시장 = Stable / 부동산시장 = Stable

➔ 4-3 돈에서 멀리 떨어지지 않는 연타 기법을 참조하여 각 시장에 대응한다.

결론적으로 총선 전과 후, 한국은행이 연 8회 여는 금통위 전과 후, 총 8번 치러질 연방공개시장위원회(FOMC) 정례회의 일정 전과 후의 시장변동성이 평상시보다 높다는 가정하에 2*2 매트릭스 테이블 변수 점검 전략이 2020년에 유리해 보인다.

좀 더 치밀하고 세밀한 접근을 구사하고자 할 경우 해당 2개의 변수를 더 세분화하여 수치를 0에서부터 10점으로 10점 척도를 부여하여 평가하고, 각 변수의 좌표를 읽는 전략으로 응용할 수 있다.

즉, 핵심변수는 2개라서 각각 X축과 Y축에 배정할 수 있다. 그런데 2020년 4월 총선 결과가 명확하게 '견제와 균형' 쪽으로 나오지도 않고 2018년과 같은 쓰나미도 아닌 애매하게 나올 경우, 나름대로 '2점 척도'가 아니라 '10점 척도'에 의하여 점수화하여, 4점이 나왔을 경우 210쪽 도표의 X축 ①, ④처럼 표시한다.

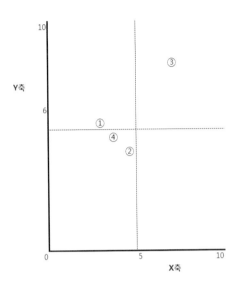

그런데 한미 간 금리 차이가 그 시점 이후 0.5% 역전 차이로 벌어질 기미가 보이면 ①처럼 살짝 Y축 6점에 가깝게 표시한다.

투자운용 규모가 클 경우 이처럼 10점 척도에 의한 좌표 읽기 시도도 필요해 보이는데, 이 책에서는 단순화하여 4가지 시나리오로 서술하였다.

2020년 하반기 이후부터 2022년 1분기까지의 주가지수 전망은 총선 결과가 견제와 균형 이상으로 나오고 한미 간 금리 갭이 0.25%를 벗어나지 않는다면, 2020년 상반기까지 제시된 주가 영역 범위 중에서 상단을 추가 10% 확장한다.

반면 총선 결과가 그 반대로 나오고 한미 간 금리 갭이 0.5% 이상이면, 2020년 하반기 이후부터 2022년 1분기까지의 주가지수 전망은 2020년 상반기까지 제시된 주가 영역 범위 중에서 하단을 추가 8% 확장하는 접근을 제안한다.

PART
9

우산, 나침반 그리고 미래세계

비상시
탈출 전략

만약의 경우 손실을 최대한 줄이는 게 중요하다. 발생빈도는 낮지만 일시적으로 유동성이 고갈되는 급속 시장 흐름이 나타나면 원칙적으로 '비율 손실제한'을 따져 투자금액의 손실제한비율을 6% 수준에서 잡고 의사 결정하되, 현격한 변화가 진정되더라도 이미 중기 추세가 시장 에너지가 좌절된 것으로 판단되면 잠시 제한적 등락을 하는 경우를 이용하여 다음과 같이 재테크 측면에서의 3가지 비상 탈출 전략을 세울 것을 제안한다.

순서는 이해하기 쉬운 순서대로다. 첫 번째는 특정된 지정일을 역으로 이용하는 접근이다. 이 특정일은 시장논리에 의해 자

산가격이 형성되기보다는 비시장논리에 의해 가격이 형성되기 쉬운 날을 일컫는다.

· 특정일 ·

① 납회일: 각 연도의 주식시장 폐장일

② 상반기 마지막 영업일

③ 3월 및 9월 마지막 영업일

④ 추석 연휴 직전 영업일

⑤ 구정 연휴 직전 영업일

납회일은 대부분의 기업이 12월 말 결산일을 채택하는 관계로 투자자산 평가손익이 재무제표에 반영시키는 기준가를 제공하게 된다. 상반기 마지막 영업일은 반기결산 기준일이고 금융기관은 3월 결산법인도 많아 3월 마지막 영업일도 종가관리가 자주 이루어진다. 그리고 각 분기 마지막 영업일마다 기관투자가 및 펀드 수익률 계산일이라고 생각하면 이해하기가 쉽다. 추석 및 구정 직전 영업일은 정부 당국의 눈치를 봐야 되는 자금이 종가관리에 들어올 가능성이 높은 날이다. 이러한 날에 종가관리 들어오는 자금을 역으로 이용하여 탈출하는 방법이 첫 번째 방법이다.

두 번째는 뉴스 역이용 접근인데, 필자는 '짝짝 테크닉'이라고 부른다. 모든 뉴스가 아니라 뉴스 톤은 호재 성격으로 이야기하는데, 내면을 생각하니 호재가 아닐 때 사용한다. 대형 호재성이라는 분위기로 어떠한 뉴스가 전해진다고 가정하자. 이때 기간을 단기·중기·장기로 구분하여 이 뉴스가 전하는 사실 효과가 중기 및 장기에는 반감되거나 부작용이 예상될 때는 일반 대중이 '짝짝짝' 손뼉 칠 때, '짝짝' 박수치고 포지션을 정리한다. 트레이딩에 나선 상황에서는 절대 시장 뒤에 바로 숨을 수는 없고, 추세가 형성되지 않는 게 확인될 수 있게 두 박자 늦추어 빠져 나온다.

· 남들은 '짝짝짝', 우리는 '짝짝'하고 Exit ·

세 번째는 인간이 아니라 기계를 이긴다는 생각으로 접근하는 전략이다. 현재 금융시장의 매수 및 매도 호가를 주고받는 당사자는 인간만 있는 게 아니라 기계가 운용하는 자금도 상당하다. 여기서 기계는 '컴퓨터에 의한 프로그램 매매'다. '프로그램 매매'라고 하면 선물시장과 현물시장의 베이시스 차이에 따라 선물시장과 현물시장에 각각 다른 포지션을 왔다 갔다 하는 매매에 국한해서 이해하기 쉽다. 매수차익잔고 또는 매도차익잔고로 나타나는 프로그램 매매도 있지만, 여기서 주시할 기계는 베이시스를 따먹는 게 아니라 인간의 주관적인 판단을 최대한 배제하고 기술적 지표에 의해 주어진 조건에 상응할 때 자동으로 주문이 나가는 프로그램 매매 자금을 운용하는 기계다. 아주 간단하게는 이동평균선부터 복잡하게는 다중조건 설정 등으로 미리

주어진 명령대로만 매매가 된다. 그런데 이러한 명령은 과거 금융시장의 데이터를 이용하여 나름대로 수익률이 높게 나오는 조건의 명령이니 '바늘로 찔러도 피 한 방울 안 나오는 냉철한 기계견(犬)'인 셈이다.

그런데 금융시장에서는 이들보다 더 독한 시장참여자가 있다. 이 기계견이 어떠한 조건에서 도베르만처럼 확 무는지 그 범위를 추정하여 물듯 말듯한 범위에 있을 때 물 수 있게끔 시장에 그 순간에 들어오는 자금이 또 있다. 즉, 각 기술적 지표가 완성되게끔 한다.

통계적으로 인간의 판단보다 기술적 지표의 우위성이 낫다는 걸 다른 시장참여자도 잘 알고 있기 때문에 이 순간 기술적 지표와 반대되는 포지션을 감히 취하려는 간 큰 시장참여자들의 수는 급속히 줄어든다. 문제는 이 기술적 지표가 자연스럽게, 시장논리에 의해 자율적으로 완성된 게 아니라 기계견이 물도록 유도하는 자금이 관여되었을 때, 시장은 기술적 지표대로 가는 듯한 모습을 단기적으로 보이다가도 특별한 뉴스도 없고 재료도 없는데 '어' 하는 순간에 확 되돌려질 가능성이 높아진다는 것이다.

· 프로그램화된 매매 즉, 기계를 역이용하는 전법 ·

　　따라서 시장에는 인간보다 독한 기계견이 있는 동시에, 또 이 기계견보다 더 독한 시장참여자도 있다는 사실을 주지하고, 기술적 지표의 완성 순간에 시장 내면을 냉철하게 봐야 한다. 약간의 지표 만들기 의혹이 생기면, 이때는 줄행랑이 최고다.

미국의
경제시계

미국은 우리가 태어난 곳도 아니고 생활하는 곳도 아니지만 세계 GDP 4분의 1을 가져가는 세계 1위 대국이라는 측면에서 아니 볼 수가 없다. 너무 세세하게 시간을 따지기보다는 현재의 미국은 미국 경제시계상에서 몇 시쯤인지에 국한해서 살펴보기로 하자.

미국은 1776년 독립선언을 했고, 파리조약을 통해 1783년 독립이 승인된다. 여기서는 미국의 정치역사는 분석 대상이 아니다. 재선까지 가능한 4년제 대통령제를 선택하고는 있는데, 한국의 대통령제와는 달리 '견제와 균형'이 놀랄 만큼 잘되고 있다.

필자는 미국의 대통령은 외교 및 정치 대통령이라고 생각하며 내면적인 '경제대통령'은 따로 있다고 판단한다.

즉, 미국의 대통령도 무역불공정이나 인근 멕시코인의 불법 미국 내 취업 등 각종 경제 현안에 대해 뚜렷하게 의견을 제시하고 경제정책을 집행하고 있다. 실물경제 부분에는 막대한 영향력을 행사한다고 보나, 금융 경제 부분에서는 오히려 미연준이 미국 대통령보다 더 근본적인 영향력을 구사하며 미국 연방준비위원회의 의장이 일종의 '미국 경제대통령'이라고 보는 게 경제분석 측면에서는 유리해 보이기 때문이다.

경제분석 측면에서는 미국이 1776년 독립선언하고 나서 1914년까지는 미국 대통령이 경제대통령이기도 했으나, 1914년 연방준비제도(Federal Reserve Board)가 도입되며 달라진다. 연방준비제도는 연방준비제도이사회(FRB, Federal Reserve Board)와 12개의 연방준비은행(Federal Reserve Bank)으로 구성된 미국의 중앙은행 제도를 일컫는다. 이 제도가 도입되기 전까지는 놀랍게도 미국에 중앙은행이 없었다.

미국의 중앙은행이 20년 기한으로 5년 간격을 두고 한정적으

로 있었지만, 잭슨 대통령이 1832년에 미국 중앙은행 연장 결의
안을 거부했고 1832년부터 1914년 사이 무려 82년 동안 중앙은
행 없이 미국이 있었다.

1914년에 FRB 제도가 도입된 초기에는 12개 연방준비은행
중에서 '뉴욕의 연방준비은행'이 통화정책을 주도하였으나 5대
FRB 의장 유진 메이어부터는 FRB 의장이 본격 주도했다고 평
가된다. FRB 의장은 연임이 2번 이상도 가능하여 9대 FRB 의
장이었던 윌리엄 마틴은 1951년에서 1970년까지 무려 19년 동
안 재임했다. 한국에도 잘 알려진 13대 FRB 의장 그린스펀은
10년 가까이 그 자리에 있었고, 그 이후에는 8년을 넘기지는 못
하고 있다.

한국인의 입장에서 충격적인 사실은 연방준비은행이 국립은
행이 아니고 사립은행이며 골드만삭스, JP모건 등 민간은행이 지
분을 100% 소유하고 있다는 것이다. 즉, 미국 정부는 1%의 지분
도 소유하고 있지 않다는 말이다.

당연히 우리나라 '한국은행'은 국가 소유물이다. 그런데 미국
은 민간 자본 소유물이다. 그러니 한국은행 총재는 겉으로는 아

닌 척하지만 정부 눈치를 볼 수밖에 없는 태생적 구조인 반면,
미연준의장은 미국 대통령 눈치를 정말로 안 봐도 되는 자리다.

태생의 근거가 한 상원의원이 미국의 재력가 7명과 함께 아
름다운 자연을 가진 제킬아일랜드에 있는 JP모건 호화 저택(지
금은 호텔로 변형)에서 회동을 가지며 출발하여 미국 화폐 달러에
대한 독점 발행권뿐만 아니라 세계 기축통화로서 영향을 발휘하
고 있으니, 그저 입이 쩍 벌어진다.

· 제킬아일랜드의 JP모건 호화 저택에서 7인 회동, 미국 경제시계 오전 6시로 설정 ·

왜 이렇게 FRB 이야기를 늘어놓느냐 하면, 미국의 경제시계
시각을 재기 위해서는 미국의 실물경제지표 동향 추적도 방법일

수 있겠으나, 그보다는 FRB 금융정책이 순작용만 있느냐, 아니면 단기 순작용 같으나 중장기 역작용 위험이 많은가에 대한 저울질이 더 확실한 방법이라고 보기 때문이다.

금융 역사에서 1971년 8월 닉슨 대통령의 금태환정책 포기를 약칭하여 닉슨 충격이라 부르는데, 속을 조금만 들여다보면 닉슨은 '얼굴마담'이고 'FRB의 달러-금태환 정지선언'이라고 해석하면 된다. FRB 태상이 통화정책이라는 일상성 외에도 금태환 포기를 도모하기 위한 의도도 내포되어 있을 가능성이 높으며, 57년 만에 얼굴마담의 입을 통해 실행에 옮기게 된다.

이 말은 '세계경제에서 가장 큰 약속을 못 지키겠다. 하지만 나를 믿고 계속 따르라!'는 의미였다. 그런데 세계 국민은 프랑스 등 극소수를 제외하고는 '돈과 관련된 가장 큰 약속을 못 지키겠다'는 미국을 비난도 하지 못하고 더 따른다. 그러니 FRB는 세계 국민과 같이 하는 게 아니라 세계 국민 머리 위에 군림하는 셈이다.

한 번 대범한 걸 하게 되면 두 번, 세 번 다시 이러한 행동을 하기 쉬운 게 인간 행동인데, 개인뿐만 아니라 조직도 그렇다.

2001년 9월 11일에 발생한 테러 사건 전후를 살펴보면, 미국 정부는 잘 모르겠고 FRB 주주도 잘 모르겠으나, 적어도 미국연준이사회 멤버들은 사전에 전혀 몰랐다고 판단된다. 9.11 테러 직후 FRB는 즉각적, 대규모적, 연쇄적으로 금리 인하 조치를 하며 간접적인 양적 완화 정책에 매달린다.

제로금리가 되고 나서 간접적인 양적 완화 정책도 바닥을 드러내는 즈음에, 리먼 브라더스 파산이 발생하자 이제는 FRB 주주들이 민간 금융자본인 관계로 리먼 브라더스는 사실상 '자기 식구들의 문제'가 되자 '직접적인 양적 완화 정책'을 노골화하며 무려 1차, 2차, 3차, 3.5차 등 4차례에 걸쳐 '무차별 돈 찍어내기'를 한다.

옛날보다 숫자가 훨씬 많은 미국 달러화가 미국 및 전 세계에 돌아다녀도 모두들 잘 받으니 이거야말로 FRB는 세계 국민 머리 위에 군림하는 정도가 아니라 사실상 '종교 수준'에 맞먹을 정도인가 싶을 수준이다.

필자는 2001년에 미국 경제는 정오 12시를 가리켰다고 보며, 2019년은 미국 경제가 오후 1시를 가리킨다고 판단한다.

시간	시기(연도)
오전 0시	1776
오전 1시	?
오전 2시	?
오전 3시	?
오전 4시	?
오전 5시	?
오전 6시	1914
오전 7시	?
오전 8시	?
오전 9시	1945
오전 10시	1961
오전 11시	1971
12시 정오	2001
오후 1시	2019

위의 표를 보면 미국이 독립선언을 한 1776년을 오전 0시 잡고, 연방준비제도가 만들어진 1914년을 오전 6시로 잡았다. 2차 세계대전이 종료된 1945년을 오전 9시로 설정했으며, 존 F. 케네디가 대통령이 되던 1961년을 오전 10시로 잡았다. 존 F. 케네디 암살에도 경제적으로는 그는 죽지 않았다고 본다. 쿠바 미사일 위기를 해결한 케네디 대통령은 군사적으로도 미국이 명실상부한 세계 최강이라는 세계적 공감대 형성에 중요한 역할을 한 것으로 평가된다. 흥미로운 것은 케네디 대통령은 헌법상의 조폐권

(지폐를 발행하는 권리)을 미 연방준비제도이사회의 연방준비은행에서 뺏어 새 국립중앙은행으로 교체하려고 노력한 유일한 대통령이었다는 점이다. 암살 배후 의심 대상에 FBI, CIA부터 소련, 부통령까지 다 열거되는데 FRB 주주인 민간 금융자본과 관련해서는 올라와 있지 않으며, 케네디는 부검도 하지 않고 시신과 뇌는 비밀요원에 의해 병원에서 강제로 이동되었으나 총알이 몇 발 날아왔고 어디서 날아왔는지 결정적 증거 자료가 될 뇌는 분실되었다.

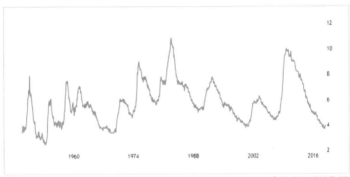

· **미국 실업률 추이**(단위: %) ·

· 출처: 미국 노동성 통계국

미국은 1960년대 실업률 안정과 군사력 측면에도 '소련보다 더 강한 미국' 완성과 더불어 GDP 성장률도 60년대에는 한 번도 마이너스 기록 없이 10년 동안 잘살았다. 그것도 돈을 안 풀고 말이다.

3시 코리아

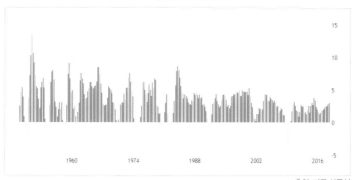

• 미국 경제성장률 추이(단위: %) •

| | | | | | 15 |
| 10 |
| 5 |
| 0 |
| -5 |

1960　　　　1974　　　　1988　　　　2002　　　　2016

• 출처: 미국 상무성

그리고 금태환 불능 선언을 하던 1971년을 오전 11시로 설정했다.

• 1971년 8월 15일 닉슨의 금태환 정지 TV 연설일, 미국 경제시계 오전 11시로 설정 •

1970년대 미국의 실업률은 장기 상승 추세 패턴으로 진행되며, 오일 쇼크와 인플레이션 위험 증가와 고금리 정책 환경 속에

서 미국 제조업은 점차 한계 생산에 봉착하는 시기였다. 그럼에도 기축통화 유지와 이로 인해 파생되는 국제 금융 중심지로의 지위, 미국 서비스산업 경쟁력 유지 등으로 경제시계상 오전 시간을 보낼 수 있었다.

2001년을 미국 경제시계상 정오 12시로 설정한 이유는 9.11 테러 이후 미연준이 급격하게 금리 인하를 하여 제로금리 정책을 강행했음에도 불구하고 2000년 이전보다 확실하게 GDP 경제성장률이 전반적으로 저하되었기 때문이다. 또 6년이라는 시간이 지났음에도 2007년 발생한 서브프라임 모기지 사태 또는 리먼 브라더스 파산 사건으로 확인되는 금융시스템 불안은 미국이 거시적 차원에서 경제시계가 '정오 12시'를 지났다는 반증이다.

· 2001년, 미국 경제시계 정오로 설정 ·

3시 코리아

그리고 2019년을 미국 경제시계 오후 1시로 설정했다.

혹자는 '오후 1시 직전에 미국 다우지수 및 나스닥 지수는 역사적 최고점 갱신 행진이 어떻게 나타났는지, 그리고 2018년에 보여준 미국 경제성장률의 상승세는 왜 오후 1시 직전에 나타났는지' 하고 반문할 수 있다.

· 미국 통화공급 추이(단위: 십억 달러) ·

· 출처: 미국 연방준비위원회

2007년 이후 직접적인 양적 완화 정책을 통해 미국 달러를 천문학적으로 시중에 돈을 많이 푸는데, 그 풀린 돈이 금융시장에 대거 유입되며 '주식시장 등 미국 자산의 가격'을 올린 결과이며, 실물경제 내재체력은 오히려 개인소비지출물가(PCE)가 결국 상승하고 있어 통화 축소가 불가피하여 향후 GDP 성장률의 점진적인 하향과 실업률의 점진적인 상향을 연준도 예상하고 있는 실정이다.

연준이 직접적인 통화공급을 남발했을 가능성이 높아 미연준 금리가 향후 3%대로 갔을 때에도 자산가격 버블이 해소되지 못할 경우 그동안 미국 경제시계는 최소한 10년 이상의 시간 텀을 두고 시침바늘이 움직였는데, 단축되어 중기적으로 미국 경제시계 오후 2시가 2025년 이전에 올 위험이 내포된 것으로 판단된다. 향후 미국 자산 버블 해소는 개발도상국과 자원생산국보다는 고부가가치 위주의 신흥선진국에 더 압박 요인으로 작용할 것으로 예상된다.

오후 1시를 맞는 미국의 최대 과제는 '멀티 버블 자산가격의 연착륙' 여부로 압축되겠다.

9-3

미래세계

이 책에서 지금까지 거론한 분석 접근법을 다음과 같이 요약할 수 있다.

우리가 속한 한국 경제시각은 오후 2시 후반(2시 45분경)이며, 2020년 오후 3시 진입이 예상된다. 한국 경제 오후 2시의 가장 큰 특징은 한국 경제성장률이 글로벌 경제와 같이 동고동락하며 동반 등락하고는 있는데, 그 이전과 달리 세계평균 경제성장률을 하회하며 등락하는 경향이 매우 높아졌다는 점이다.

이렇게 된 이유는 여러 요인을 꼽을 수 있는데, 선발 요인 하나와 후발 요인 하나만 대표적으로 예시해보겠다. 우선 선발 요인을 말하자면 한때 '4대강 개발'에 국가 자원을 집중적으로 투여하다 보니 초기에는 반짝이는 경기부양 효과가 있었으나, 개발 이후 투자수익 흐름이 전혀 창출되지 않고 오히려 유지하는 비용마저 역으로 들어가며 정책 후방 효과가 전무했다는 점이다.

후발 요인으로는 '최저임금의 급격한 상승'을 꼽을 수 있다. 1990년대 이전에는 시장에서 형성되는 시장임금 아래에서 최저임금이 결정되다가, 2000년대 들어 최저임금이 시장임금에 육박하며 그 갭이 줄었다. 그러다가 수요와 공급이 만나는 지점에서 형성된 용역 시장가격을 상회하는 수준에서 최저임금이 결정되면서, 정책 변수가 시장의 발목을 잡는 현상이 제조업 하부구조에 직접적으로 영향을 주고 있다.

즉, 한국의 경제시각이 오후 2시를 가리키는 시점에서는 투자 전략을 단순히 경제적 지표 분석에만 의존하기보다는 정책 변수를 같이 고려해야 그 수익률을 방어할 수 있는 국면에 있다고 요약할 수 있다.

그렇다고 우리의 미래가 마냥 어두운 것만은 아니다. 오후 2

시는 점심을 먹은 지 얼마 되지 않아 졸음도 오고 몸이 덜 풀릴 수 있지만, 오후 3시는 퇴근 시간 전에 가장 열심히 한 번 더 일할 수 있는 시간이기도 하기 때문이다.

그 대신 정책 차원에서는 (예를 들면, 공무원 시험에 매달리는) 개개인의 무조건적인 리스크 회피에서 벗어나, 미래의 불확실성을 즐길 수 있게 제조업 기반을 되살리고 다양성으로 나아갈 수 있는 전환이 꼭 수반되어야 한다.

작금의 국내외 경제 환경 및 국내 정치 환경을 고려했을 때 이러한 난제를 천재적으로 풀어나갈 정책 변수 전환에 대한 기대 수준은 낮추어야 할 것으로 판단되고, 다만 시장논리를 되살릴 수 있는 현실적 대안은 '작은 정부'를 지향하는 정치그룹의 형성 유무로 압축된다.

따라서 자산을 배분하는 투자 전략 측면에서 2020년 총선과 그 이후 흐름은 의외로 중요한 변수가 되고 있으며, 예상되는 오후 3시 경제 그림은 일차적으로 이에 근거하여 전략을 세울 때, 수익률 측면에서 가장 생존가능성을 높일 전망이다.

더불어 글로벌 측면에서 그동안 과도하게 유동성이 공급되었기 때문에 아직은 그 관성의 힘이 남아 있어 외국인투자가만 보면 어느 때보다 '불규칙 리바운드'에 가까운 예측불허성이 있다. 하지만 더 큰 그림을 그리면 미국도 실물경제 흐름은 오후 시간에 진입했을 가능성이 매우 높다.

이상을 종합할 때 우리의 미래세계가 시사하는 점은 다음과 같이 압축된다.

첫째, 후행지표 성격인 경제지표 분석에 대한 의존도를 낮추고, 정책 변수 분석 의존도를 높인다.

둘째, 목표 투자수익률을 현실화한다. 자산 간 순환매 가능성이 있으므로 기회를 놓쳤을 경우 조급하게 생각하지 말고, 장시간 기다리는 마음가짐을 한다.

셋째, 이런 때일수록 현명한 소비 전략이 투자 전략 못지않게 중요하다.

넷째, 다수가 움직일 때는 정중동하고, 소수가 움직일 때는 연타 전략까지 염두에 둔다.

10여 년간의 절필 끝에
다시 펜을 든 소감

10여 년 전까지 애널리스트로 활동하면서 많은 분석 글을 썼다. 나름 이런 자신을 자랑스러워했는데, 어느 날 예상치 않게 먼 친척 한 분이 여의도 리서치업계 회사 사장으로 계신다는 걸 알고 뒤늦게 인사하러 가니, 그분이 반대의 말을 조언해주셨다.

"글 언제까지 쓸 터이냐?"

조직의 위로 올라갈수록 글 적게 쓰는 게 유리하다는 말씀이었다. 분명 내가 잘되라고 해주신 말씀이니 무언가 지혜가 있는 말 같은데, 당시 가슴으로는 이해가 잘되지 않았다.

그런데 시간이 지나면서 스스로 '약장수' 같다는 느낌도 뒤늦게 들었다. 그리고 완전히 다른 분야에 있으니, 몸은 힘든데 머리는 가벼워졌다. 내가 언제 그렇게 말을 했나 싶을 정도로 말이 없는 생활을 묵묵히 하며, 야전 필드에서 생활했다.

지금까지 필자의 글을 읽은 독자들은 필자가 직설적으로 이야기한다고 느낄 수 있다. 필자 나름대로 최대한 자극적이지 않게 전하려 했으나, 천성이 나름 근본적인 문제 해결을 원하는 차원에서는 어쩔 수 없는 표현이었다고 변명의 말을 드리고 싶다. 그리고 필자 내공이 10여 년 전보다 나름 쌓여서 그런지 글 쓰면서도 '약장수' 같다는 느낌은 별로 안 들어 감사하게 생각한다.

한 가지 더 전하고 싶은 이야기는 책에서 거론되는 직설 정도보다 최소한 몇 배 이상의 직설과 공격성을 가지고 실전에 접근해야만 재테크 성공 가능성이 비로소 열린다는 점이다.

책 내용은 평면 종이에 나열되어 있고, 재테크 현실은 시간의 함수가 더해져 사차원의 세계로 현실 속에 떡 하니 서 있다. 책은 일차원이고 현실은 사차원이니 적어도 4배는 책에서 말하는 것보다 더 미쳐야, 재테크 실전에서 돈을 벌 수 있지 않을까?

필자가 10여 년 동안 일체 글을 쓰지 않고 야전 필드 생활을 하면서 느낀 점은 책에서 거론되는 정도보다 8배는 더 독하게 접근해야만 돈을 벌 수 있다는 것이다. 대체 그게 무슨 소리냐 하실 거다.

예를 들어, 부동산투자를 한다고 가정해보자. 부동산투자 책을 읽으면서 죽을 가능성은 없다. 그런데 실전은 현장 답사하러 죽으라고 다녀야 한다. 현장 답사 정말 많이 해야 되고, 답사 도중에 모르는 곳에서 헤매면서 억수 소나기 갑자기 만나 멀쩡한 아스팔트 도로 바로 직후에 개천이 있는 줄도 모르고 개천에 차가 빠질 수도 있고, 야간에 고속도로에서 술 취한 운전자가 마구 끼어 들어와서 진짜 죽을 뻔할 수도 있으며, 답사 멋모르고 갔다가 동네 깡패한테 맞을 수도 있다.

이런 말이 지어낸 이야기 같은가? 바로 필자의 경험이다. 혹자가 여러분을 지칭하며 '저 사람 미친 거 아닌가' 할 정도의 독성을 보여준다면, 여러분은 재테크 측면에서 비로소 웃을 것이다.

어떠한 일이든 대가가 있는 법이다. 이 책을 통해 자신의 '틀'을 미리 만들고, 이제 이 틀을 활용해 단순하게 압축된 변수를 분석하여 활용할 때가 다가왔다. 산발적인 경제지표나 경제 뉴스는 미래를 예측하는 데 무용하기 쉬우나, '코리아 경제시계' 확인 이후 실전에 임할 경우 어수룩하고 기민하지 못하던 과거 모습에서 벗어나 사이클과 동행하는 자신을 발견하게 되리라 믿는다.

마지막으로 강조하고 싶은 이야기가 있다. 한국 경제시각이 오후 3시를 가리키는 시점에서는 정책 변수가 일시적 일반 대중의 막연한 인기를 얻기 위한 구제책인 경우 약발 자체가 아예 없을 수도 있고, 연기만 되고 있는 생산과 소비에서의 균형 재조정에 대해 '천재적인 정책집행'이 단기적인 시각에 집착하는 한국 정치 구도상 사실상 불가하다고 보고, 차라리 '작은 정부'를 지향하는 움직임이 정책 변수에 나타나는지 여부에 심심한 관심을 두길 바란다.

여러분의 건승을 기원한다.